西洋近世教育史

滕春興　著

作者簡歷

滕 春 興

- **學歷**　英國倫敦大學教育研究所博士後研究
　　　　中國文化大學哲學博士
　　　　國立臺灣師範大學教育碩士
　　　　國立臺灣師範大學教育學士

- **經歷**　中、小學教師、校長
　　　　師範專校、學院副教授
　　　　輔仁大學兼任教授
　　　　中國文化大學教授、系主任

- **現職**　中國文化大學教育學系教授

- **專著**　《教育計畫之理論與實際》
　　　　《我國教育計畫中建教合作制度之研究》
　　　　《孟子之教育哲學思想體系與批判》
　　　　《孟子之教育思想》
　　　　《教育實習之理論與實務》
　　　　《教育哲學與教育改革》
　　　　《西洋上古教育史》
　　　　《西洋教育史——中世紀及其過渡世代》

序

　　本文係承續前拙作《西洋上古教育史》及《西洋教育史——中世紀及其過渡世代》。而以十九世紀及二十世紀為主要闡述內容。

　　十八世紀中葉以後歐洲社會的轉變愈來愈大。在政治方面，由君主專制走向民主政治；在經濟方面，以機器代替手工，引發工業革命，形成了資本社會主義；在學術方面，強調科學實證，反對權威，不再為傳統所限制；在社會方面，由於工業革命和科技的進步，形成社會貧富懸殊的現象，社會主義學說盛行；在各民族方面，由於民族自由、獨立的要求，形成民族國家意識。

　　這一時期的西歐，政治、經濟、社會、學術與國家體制有了巨大變革；教育制度必須做充分的調整。是以唯實主義、訓練主義、自然主義等教育學說紛紛出籠。推展國民教育、教育制度國家化、教育行政系統化及師資培育機構之設置等，也逐一被提倡、實施。

　　二十世紀迄今，現代科技文明突飛猛進，大量生產、大量消費，人類生活因而產生劇烈的變動。科技文明的卓越成就，雖然給人類帶來新文明，卻也給人類帶來新問題。今日人類享受到科技帶來的豐裕物質生活；卻也遭遇到由此而生的精神生活之困境。是以新世紀的人類必須建立新的價值觀與人生態度，來挽救人類在精神上的孤寂感、疏離感與虛無感；及改進現代社會的功

利化、機械化、形式化的弊端。因此，二十世紀以降，西洋教育思想林立，諸如：新個人主義、新理想主義、新實在主義、文化主義、實驗主義、重建主義、民主主義和未來主義等，都提出其教育觀點，展望其教育遠景。

本文之撰寫，至為匆促。同時，因筆者學識簡陋，錯誤疏漏之處必多，尚祈有方大力指正，至為感激。

目次

【第三篇】
西洋近世教育史

【第三篇】

西洋近世教育史

Chapter 9

十九世紀的教育

❧ 第 一 節 ❧

十九世紀歐西的教育發展

壹、十九世紀歐洲社會文化背景

一、拿破崙的崛起

　　十九世紀初，拿破崙是歐洲的風雲人物，取得義大利之役的勝利後，拿破崙的威信愈來愈高，他成為法國人的英雄。政府任命他為法國埃及方面軍司令，派往東方以抑制英國在該地區勢力的擴張。在拿破崙的遠征軍中，除了兩千門大炮外，還帶了一百七十五名各行各業的學者以及成百箱的書籍和研究設備。在遠征中，拿破崙曾下達過一條著名的指令：「讓驢子和學者走在隊伍中間。」拿破崙本人精通數學和天文學，同時還十分熱愛文學與宗教，受啟蒙運動的影響很大。然而一七九八年遠征埃及大失敗。拿破崙的艦隊被英國海軍摧毀，部隊被困在埃及。一七九九年回國時，四百艘的軍艦只剩下兩艘，人員損失慘重；在遠征埃及時，法軍探險隊深入金字塔內，拿出泥板楔形文字研究，開啟日後考古學對埃及古文明的研究，對考古文化的教育意義貢獻良多。

　　這時歐洲反法聯盟逐漸形成；法國國內保皇派勢力亦漸漸上

升。一七九九年十月，回到法國的拿破崙被當作「救星」歡迎。
十一月九日，拿破崙發動了霧月反動並獲得成功，成為法國第一
執政，實為獨裁者。

　　拿破崙之後實行了多項政治、教育、司法、行政、立法、經
濟方面的重大改革，其中最著名並且直到今天依然有重要影響的
《拿破崙法典》，由拿破崙下令起草的，很多條款由拿破崙本人
親自參加討論做最後確定。基本上採納了法國大革命初期提出的
比較理性的原則。在一八○八年，歐洲大片土地，包括俄羅斯及
奧地利以西，均為拿破崙統治。拿破崙被視為解放者與法國革命
理想的繼承者，所到之處，廢除封建，取消貴族特權及農奴制
度，在歐洲掀起一股自由革命的風潮[1]。

二、維也納會議

　　維也納會議（Congress of Vienna）是從一八一四年九月十八
日到一八一五年六月九日之間，在奧地利維也納召開的一次歐洲
列強的外交會議。這次會議是由奧地利政治家梅特涅（Klemens
Von metternich）提議和組織的。其目的在於重劃拿破崙戰敗後的
歐洲政治地圖。雖然拿破崙在會議期間重回法國，但會議還是繼
續進行。會議決議於滑鐵盧戰役前九天被簽署。

　　一八一五年維也納會議後，歐洲又是另一番風貌。維也納會
議是由奧相梅特涅為首，俄國、奧國、普魯士及英國等為代表，
他們致力歐洲舊秩序之重建，並壓制各國革命運動，撲滅自由思

1　張欽盛（1986）。歐洲教育發達史。台北：金鼎。第八章第一節。

想。雖然革命事件仍然在義、希、西、法、比、荷、法各國不斷出現，但在維也納會議後的歐洲，大抵重視的是秩序，而非自由；是團體社會及國家利益，而非個人利益[2]。

當時的主流，多採保守主義的國家政治立場，政治背景上多少抵制了教育思想的發展，協議是各大國之間的傑作，是強加於別國、違反別國意願的，大大忽略了民族主義和自由主義。在維也納的代表專制的政治家，認為在君主之間隨意分割領土、交換土地及人民並非錯事。因此，所住居民的意願便被忽略了。種族、宗教、語言、傳統及他們的教育權利一概被漠視。

維也納協議是在拿破崙戰敗後首次重整歐洲版圖的嘗試，在維也納會議上的各代表，嘗試在戰禍連年的歐洲恢復和平及穩定。就這方面而言，會議在一定程度上是成功的。梅特涅的見解：這個成功主要是由於建立了一個均衡的歐洲社會。直到克里米亞戰爭（Crimean War，一八五四至一八五六年）爆發，歐洲在四十年間並無戰事發生。有了這和平的四十年，各大國的教育制度才有時間做顯著的發展。

三、工業革命

在經濟上，一七六〇年至一八六〇年是工業革命時期。工業革命對歐洲的影響極大。一般說來，在一八〇〇年，歐洲的海事及軍事力量優於其他各國，但在商業競爭上，尚無法與中國、印度及伊斯蘭教地區相較。但自一八〇〇年以後，由於工業革命，

2　同註1。

歐洲已能生產比各地手工業生產更多的物品，歐洲產品遂大量流入亞、非及中國市場[3]。

工業革命對十九世紀科學發展及社會變遷也產生了極為重要的影響。以前的科學研究很少用於工業生產，隨著工業革命的發展，工程師與科學家的界限愈來愈小，更多的工程師埋首做科學研究。以前的科學家多是貴族或富人子弟，後來則有許多來自工業發達地區和工人階級的子弟。他們對化學和電學感到興趣，這促進了教育學科的多元發展。

社會方面，由於鄉村人口大舉遷移都市，造成了都市化的現象及都會區的出現。也因為自由經濟主義的興起，擴大了人民對民主政治的參與。大量工廠的成立，不僅造成了勞資雙方的對立；工人悲慘的生活及工作環境也逐漸為人重視，許多慈善機構於是成立：主張以社會福利制度改善窮人生活，免費提供糧食及住所；另一方面，以馬克斯為首的左派學說也質疑工業社會造成的負面影響，同時衍生出了社會主義及共產主義思想，對日後的人類社會影響甚鉅。

工業革命為歐洲帶來大量財富，但是也帶來負面的社會問題：如城市人口過度集中、工廠制度代替家庭制度、工人生活狀況惡劣、貧窮問題、勞資對立等。勞工運動在各國乃迅速展開，與資本主義相對抗。假以時日勞工運動收到相當豐碩的成果，勞工最終能享受較優厚的待遇，縮短了工作時間，有了選舉權，勞工地位也大幅提高。勞工與其子弟的教育問題，亦從此逐漸成為

3　同註 1，頁 103。

歐洲各國政府關切的標的。

工業革命的興起，促使歐洲各國致力於教育普及以培養基本技術人員。原來的農業社會用於農田、手工的時間很多，然因有了機器的代工，所以上學時間增加，學校也增設夜間部、暑期班、冬季班等，並規定十二歲以下兒童不可到工廠工作。工業革命後，工業發展，工廠普設，許多婦女出外工作，促使托嬰或照顧幼兒成為專人專職之事，也助長幼兒教育的發展[4]。

傳統的職業教育是師徒傳承的制度，為適應工業革命與科學發展，許多原本需手工的工作因機器的製造而節省人力。學校教育也因應配合。工廠為修護與改良機器，工業技術亦要因應提升，助長了科學教育與科學研究的發展[5]。

四、海外殖民地的拓展

一八七〇年以後，歐洲各國國內政治安定，有餘力致力海外殖民地之開拓。非洲、亞洲紛紛成為歐洲強國的殖民地，帝國主義風靡整個世界，歐洲儼然成為世界的霸主。因與東方國家有一定的接觸，中國的教育思想也漸漸開始藉由貿易傳入歐洲。

五、歐洲社會文化

十九世紀初，歐洲在文化思想上有著卓越表現。最顯著的特色是演繹或理性主義的傳統已為經驗主義所取代，科學方面的進

4　高義展（2004）。教育史。台北：鼎茂。第八篇第一章第二段。
5　同註 4，頁 327。

步更是十分驚人。最著名的是達爾文（Charles Darwin）於一八五九年發表的「物種原始論」（Origin of Species）。在其他物理、醫藥、生物和光電等亦均有革命性的發現。新的社會科學論有孔德首創，由斯賓塞加以發揚[6]。

在教育思想方面，最具有影響力的是裴斯泰洛齊的平民教育思想，福祿貝爾的幼稚園教育理論，費希特的民族精神教育理論、斯賓塞的科學教育理論及赫爾巴特等人，對教育學能夠成為一門系統的社會科學，皆有所努力，並有豐碩成果[7]。這些學者的主張與論述，容後詳述。

貳、十九世紀歐西各國教育發展

一、英國[8]

英國是典型的民主國家。政治實權在國會，國會由貴族、教士、平民組成。在教育上，認為教育對民智的提高，及人民對民主政治之瞭解甚有必要。教育任由私人進行，中央政府不過問。

(一) 十九世紀的重要教育措施[9]

　　1. 教育國家化：大力推動國家思想的教育。

6　同註4，頁104。
7　同註4。十九世紀歐洲教育思潮第一節。
8　周虹（1996）。中外教育史。台北：保成。頁505。
9　洪祥（2005）。中西教育史。台北：鼎茂。頁346-349。

2. 普及國民教育

  ⑴一八一八年奧文的幼童學校，提倡平民的教育。

  ⑵一八七〇年初等教育法案的訂定。

  ⑶一八七六年小學教育強迫法案訂定。

  ⑷一八九一年訂定初等教育免費法案。

3. 建立教育行政系統

  ⑴一八七〇年設地方學務局。

  ⑵一八九九年內閣設教育部。

4. 普設師資訓練機構：國會對師資訓練機構表示重視。

5. 強調人文與科學教育均衡發展

  ⑴一八六四年陶頓委員會強調人文與科學並重。

  ⑵一八七一年大學考試將人文與科學雙方面的學科都列
    入。

  ⑶一八七二年科學藝術局的獎勵活動也鼓勵科學與人文同
    時並重。

6. 教育國家化對教育實際措施的影響

  ⑴一八三三年英政府撥款補助學校，漸掌控初等教育。

  ⑵一八七〇年頒訂初等教育法案。

7. 英國國會對普及教育的努力 [10]

  ⑴制定童工法

    ①一八〇二年

      a. 禁止十二歲以下兒童到工廠做工。

---

10 同註 8，頁 508-510。

　　b. 每人工作時間限十二小時。

　②一八三三年

　　a. 九歲以下不得做工。

　　b. 九至十三歲工人必須一天入校兩小時。

(2)撥款補助平民教育。

(3)全國教育普查。

(4)基本教育法案公布

　①五至十二歲兒童的初級教育是普遍、免費、強迫的。

　②政府建「公立學校」，以收容無校可讀之人。

　③宗教教學不被禁止，但公立學校不強調某一教派。

　④公立學校有國庫及地方稅收支持。

(5)中上教育之改革

　①舊式中學大多是貴族子弟，著重古典語文之教學。

　②一八六一至一八六四年國會授權「克拉倫敦委員會」
　　調查九大公學。

　③一八六八年頒布「公學法案」。

　④一九六九年「捐贈學校法」規定

　　a. 凡接受捐贈而設立的學校，都須接受政府之監督。

　　b. 建立新式學校。

　　c. 課程中有工商業科目。

　　d. 收容中下階層子弟。

(6)新式大學之設立

　①一九二八年倫敦設立大學學院，提供現代科學學科之

教學，採宗教中立，重視新法授課。

②女子高等教育機構相繼出現。

(二) 教育發展概況[11]（十九世紀英國學制）

1. 初等教育

一八七〇年前，英國初等教育由私人團體控制；一八七〇年後，才採行私人團體與學務局辦理兩者並行制度。依設立機構而分，初等教育有兩類：

(1)公立學校

(2)私立學校

由於兩制並行，故初等教育機關甚為複雜，類型極多，皆是為一般平民子弟而設立，以教授讀、寫、算等文字教育為主。其教學方式可使一個老師同時教導多至三百至五百個學童。此舉有利於師資、經費貧乏的貧民教育之推展。

2. 中等教育改革

自一八七〇年初等教育法案公布後，中下階層家庭的子弟皆可入小學接受義務教育，義務教育大略為五至十一歲。畢業後可進入高級小學，接受工商技能訓練。上層社會子弟均不進入小學，另由家庭聘請老師，在家庭接受家庭教育，於八、九歲時進入預備學校。不論哪種方式，均準備十三歲時升入公學。

中等教育機構類型可分為三類：

---

11 同註1，頁129-131。

(1)公學：為最優秀者，約有六十所，係為上層社會子弟而設，學費最貴，多是寄宿學校，以傳授古典語文為主。

(2)文法學校：總共有四百三十三所，許多均接受政府補助。

以上兩類學校的畢業生對升入大學均有絕對的優先權利。

(3)合營學校：多由工商人士合資成立，教學內容以現代商業、工業等專業為主。學生多以中產階級子弟為主。此類學校也有住宿性質者，程度並不一致。

3. 高等教育發展

(1)數量增加：十九世紀中葉後，新大學相繼成立。

(2)大學的開放：大學開放始於一八七〇年，主要是因為成人推廣教育的發展所致。

(3)世俗的課程：大學逐漸擺脫宗教，開始設置科學學位，傳授科學課程。

二、法國

(一) 十九世紀的重要教育措施[12]

1. 教育國家化：一八八二年，行強迫義務教育，加強公民、史地教學。

2. 普及國民教育

(1)一八三三年設立小學教育法規。

---

12 同註 9，頁 346-349。

⑵一八八一年規定公立小學免費。

　　⑶一八八二年頒布強行義務教育制。

　　⑷一八八九年規定小學老師薪俸。

3. 建立教育行政系統

　　⑴一八二八年設立教育部。

　　⑵一八八六年實行大學區制。

4. 普設師資訓練機構：一八二二至一八二九年停辦高等師範、改辦初等師範，培養國民教育師資。

5. 強調人文與科學教育均衡發展：一七九五年杜魯法案與一八八〇年中等教育改革方案，都重視人文學科及科學教育的發展。

6. 教育國家化對教育實際措施的影響

　　⑴一八八一年國家頒授教師證給教師。

　　⑵一九〇二至一九〇四年教會關閉學校。國家全面控制初等教育。

7. 十九世紀拿破崙當政時的教育 [13]

　　⑴小學教育

　　　　①拿破崙教育重心放在中等及高等教育上，對小學教育較不關心。

　　　　②每一公社設一小學，由地方或教會負責管理，中央政府不聞不問。

　　⑵中學

---

13 同註 8，頁 500-501。

　①課程以奠定學術研究之基礎科目為主。

　②學生住宿嚴格管理，學費昂貴。

(3)大學

　①在巴黎設立法蘭西帝國大學。

　②宗旨：「確保教育統一，塑造獻身於宗教、帝國、王室及其家族的國民。」

　③教育方法：軍事管教。

　④法國教育中央集權模式由此奠定。

8. 十九世紀普法戰爭後的教育狀況 [14]

(1)普及教育之加強

　①小學免費。

　②國民教育為強迫教育。

　③禁止宗教教學。

　④教師由俗民擔任。

　⑤以道德及公民取代《聖經》教義。

　⑥學生培養好習慣。

　⑦強調法國之偉大及國人對國家的責任等。

(2)師資水準之提高

　①全國設兩所高等師範學校。

　②所有教師都須經國家考試及格。

(3)中學教育之改革：文實並立，文科中學及實科中學並重。

14　同註 8，頁 502-503。

(4)大學區制：一八八六年全國分十七個大學區，每大學區設校長一人，管理學區所有教育。

(二) 教育發展概況

1. 中央集權模式教育行政體制的確立與演變

   (1)確立中央集權的教育行政制度：設立法蘭西大學，負責全國教育行政、考試，並負監督學校及管理教育經費之責。設有各科督學以視察學校。全國劃分為二十七個大學區。

   (2)中等教育改革：國家或地方均撥款補助中學，除仍允許私人設置中學外，另外大都市中設立國立中學，於小城市設立市立中學，均受國家之監督及管轄。

   (3)初等教育之改革

   ①分小學為初等小學及高級小學。

   ②允許設立或教會學校之設立，不得強迫學童接受宗教教育，且國家有視察私立學校之權，各項學校措施均經由政府核定。

   ③規定初級小學與高級小學教師最低薪俸，並供給宿舍。貧窮子弟免納學費。

2. 第三共和恢復中央集權制度，但亦採納民主政治原則

   (1)減少教會之影響力

   ①減少各教育機關內教會之代表。

   ②取消宗教課程，以道德及公民教育代之，小學不得從

事宗教訓練。

③教會學校不得成為公立學校，教士亦不得擔任公立學校教師。

(2)設立公共、免費、強迫的初等教育制度

①一八八一年傅葉為教育部長時，明令取消小學學費，並規定師範學校學生之膳宿費由國家支給。

②一八八二年規定六至十三歲兒童一律強迫入學，規定小學不得教授宗教課程。小學課程應包含公民、法語、文學、地理、歷史及有關農業、衛生、工業等各方面的生活知能。

(3)十九世紀法國學制

①初等教育：法國一般平民子弟均入初級小學就讀，上層社會子弟則進入預科。後者是準備升入中學者。初級小學課程已相當世俗化，畢業之後少數人進入中學，大部分繼續在高級小學繼續學業。高級小學以實施工商職業教育為主。此外，另有補習及學徒學校之設置。

②中等教育

  a. 國立中學：重視拉丁文及希臘文，學生素質最高，最受重視。

  b. 市立中學：設於較小市鎮，水準較低，設備較差，不如國立中學受重視。

③高等教育：分大學及高等專門學校。專門學校事實上

即為單科大學。大學設有參事會，主持大學組織、教學及訓育事務。教授地位有法律保障，並由國家支付薪水。雖然允許設立私立大學，但國家仍擁有學位頒授權，故均須維持相當的水準。

三、德國

十九世紀初期，德國人擬以振興教育為手段來振興國家，以雪戰爭的失敗之恥。其進程如下：

(一) 十九世紀的重要教育措施 [15]

1. 教育國家化：費希特、威廉三世等鼓吹救國教育，喚醒日耳曼民族精神。
2. 普及國民教育：費希特大力提倡國民普及教育。
3. 建立教育行政系統
   (1)一八一七年設立內閣教育部，置有教育行政長官。
   (2)一八二五年設立教育廳、縣教育局。
4. 普設師資訓練機構：一八〇九年洪保德強調師資訓練的重要，立法設立師資訓練機構。
5. 強調人文與科學教育均衡發展
   (1)威廉二世下令實科中學應與文科中學平行。
   (2)一八一〇年柏林大學創立，強調科學研究的發展。
   (3)一八一六年洪保德的教育改革，強調學術自由。

---

15 同註 9，頁 346-349。

6. 教育國家化對教育實際措施的影響
   (1)十九世紀以後，學校漸由國家控制。
   (2)威瑪憲法頒布，始奠定國家教育制度之基礎。
   (3)到了希特勒時代，則國家主義更為高漲。
7. 依裴斯泰洛齊式的小學教育措施並從事國家主義的培養 [16]
   (1)威廉三世特別重視國民教育推行。
   (2)史坦因（Baron von Stein）大臣明確提出以教育培養全體國民愛國心。
   (3)學者費希特引介裴斯泰洛齊教育精神及方法，發表「告德意志國民書」，說明平民教育足以拯救全人類及所有國家免於沉淪在當前的可悲情況。
   (4)德國政府選派教師赴瑞士學習此種教育的方法與觀念。
   (5)政府設立負責公共教學的中央行政部門稱為「公共教學部」，任命洪保德為首任部長。
   (6)小學教育以培養「德國主義」為目標，以建立一個完整、統一的德意志國家。
8. 中學及師範教育的整頓
   (1)實施中學教師考試措施：中學教師須先經大學主辦的資格考試，通過後由政府任命。
   (2)大學設立教育學院，專習教育學分。
   (3)教師任教前，須先實習一年，且由資深教師輔導之，試教成績優異者才可正式執教。

---

16 同註 8，頁 495-496。

(4)整頓當時雜亂的中學

①一八一二年強力推行中學生畢業會考。

②一八三四年規定獲「成熟證書」者方能進入政府做事。

③中學畢業考成績作為分發進入大學研讀的根據，德國中學分兩種：

　a. 古文學校→學術研究。

　b. 前期古文學校→現代語及實用學科。

9. 柏林大學創設 [17]

(1)普法戰爭後，哈列大學失陷，由費希特等學者發起柏林大學計畫，得到皇室支持，於一八一〇年成立。

(2)特色

①一個目標→知識，為學術而學術。

②兩個條件→教自由，學自由。

(3)費希特在校長就職演說中重點

①學術自由的重要。

②在安穩且不受干擾的知識的園地中，人類才能實現終極目標，而最恰當的園地便是大學。

③大學中累積前人的知識，下一代人可從上一代人的肩膀上看到更遙遠的知識。

④大學可以獨立自存不仰賴外力。

10. 振興文教的阻力

(1)一八一七年「公共教學部」改成「精神、教育及醫學事

---

17 同註 8，頁 496-498。

務部」，教育權落入宗教人士手中。

(2)裴斯泰洛齊式教學活動流於形式。

(3)威廉四世指責小學教師是政治思想的反動者。

(4)下令教師應培養學生的忠順精神。

(5)政府壓抑學生運動。

(6)禁止使用裴斯泰洛齊的教學方法。

(7)禁止設立福祿貝爾之幼稚園。

(8)師範課程不授教育理論而代之學校管理。

11. 十九世紀普法戰爭後的教育改革

(1)剝奪教會的教育權。

(2)注重新帝國國家觀念之灌輸，培養忠誠國民。

(3)注重科學教育，加強實科學校之教學。

(4)十年制女子學校：六歲入學，前三年為基本學科，後七
年為中學性質。升學可入高等女校，其種類有兩種：

①家政學校。

②師範學校。

(5)雇主有義務送雇工進地方辦理或國家設立的學校，以便
學習工商知識和技能。

由於職業教育之注重，使德國商品及技術水準臻於世界一流
地位。

(二) 教育發展概況[18]（十九世紀德國學制）

---

18 同註 1，頁 121-122。

1. 學前和初等教育

   德國學制在十九世紀仍遵循雙軌學制的模式。一般平民子弟於六歲進入小學，上層社會人士子弟則進入預備學校。小學年限不一，有於九歲時轉入中間學校者，有於畢業（約十四歲時）再進入各類補習學校，準備從事職業生活。小學教育強調服從及忠誠國民之培養，對學生心智之發展或創造力之啟發並未重視。

2. 中等教育

   (1)文科中學：著重拉丁、希臘語及人文課程，學生畢業後升入大學或任職政府機構均有優先權。

   (2)文實中學：保留拉丁課程，刪除希臘語課程，增加科學、數學及外國語文等實用課程。在學制上遜於文科中學，但高於實科中學。畢業生仍有升入大學機會。

   (3)實科中學：不教授拉丁、古典語文課程。完全以科學、數學、現代語文為課程核心，畢業後即從事各項職業生活。

3. 高等教育：普法戰爭後，新式大學相繼成立，最有名的是柏林大學。重視學識研究與學術自由。在哲學、歷史、科學、數學、醫學、心理學各方面均有卓越的表現。

四、美國

(一) 十九世紀的重要教育措施 [19]

1. 教育國家化：促使民族統一，消除對立。
2. 普及國民教育
   (1)開國元勳，如傑佛遜、華盛頓等人都發表重視國民教育的言論。
   (2)一八二八年羅德島先行公立學校制，此後各州陸續跟進、全面普及。
3. 建立教育行政系統
   (1)一八一二年紐約州設教育主管單位。
   (2)一八三七至一八三九年麻州教育基金會法案訂定。
4. 普設師資訓練機構
   (1)一八二三年霍爾首創美國私立師範學校。
   (2)一八三九年麻州州立師範學院設立。
   (3)一八四四至一八六五年紐約州、康州、各大城均設師範學校。
   (4)一八八七年哥倫比亞師範學院（哥倫比亞大學的前身）設立，此校日後成為著名的師範學校。
5. 強調人文與科學教育均衡發展
   (1)一八二一年波士頓中學，課程中有人文學科，也有科學

---

19 同註9，頁346-349。

科目。

⑵一八二七年麻州中學教育法案與日後高等教育的發展，
也都可見科學學科與人文學科都是等同並重。

(二) 教育發展概況 [20]（十九世紀美國學制）

1. 初等教育全民化

⑴建立地方稅收制度，興辦公立小學。

⑵強迫入學：規定八至十二歲適齡兒童每年須入學十二
週，到了十九世紀末頒訂了義務教育法令。

⑶免費教育。

2. 中等教育普及化

⑴文實中學。

⑵公立中學。

3. 高等教育民主化

⑴教學形式上，以私立為主體，私、公兼有。

⑵高等院校數量大增，但規模較小。

⑶農工學院興起。

⑷取法德國經驗，建立學術型大學。

⑸女子可進入高等院校。

---

20 吳式穎（1999）。外國教育史教程。北京：人民教育。頁391-394。

❧ 第 二 節 ❧
十九世紀重要的教育思想

壹、裴斯泰洛齊（Johann Heinrich Pestalozzi，一七四六至一八二七）

　　裴斯泰洛齊是著名的德國教育家、教育理論家和實踐家。畢身致力於公共教育，維護人人受教之權力。他最高的目的，不僅是建立新的教育體制、原則和教學方法，而且要透過教育提高人民素質，改善貧窮人民的生活，提高人民對社會的責任感，從而建立一個和平安寧的世界。他不辭勞苦，不求報答，發揮了最高的人類愛和兒童愛。他在世八十歲，曾任神父、律師、農民、工人、作家、教師等。不斷從工作體驗中，探究人類本性，企圖發現教育真理，以拯救無知、貧弱、惡劣的人民。在畢爾（Birr）墓地的墓碑上刻著：「他萬事不為自己，一切為他人」。裴斯泰洛齊的思想，永遠走在他的時代前端[21]。

---

21 趙祥麟（1995）。外國教育家評傳 II。台北：桂冠。頁 183-192。

一、時代背景與生平事蹟

(一) 幼年時代

　　裴斯泰洛齊生於一七四六年一月十二日瑞士的蘇黎世（Zurich），卒於一八二七年二月十七日。其祖先原居義大利的齊亞維納（Charedona），十五世紀家族遷來瑞士蘇黎世。一五六七年正式放棄義大利國籍，歸附瑞士，從此姓氏改為裴斯泰洛齊，乃裴氏在瑞士此一宗族的始祖[22]。

　　裴斯泰洛齊的祖父安都里亞斯・裴氏（Andreas, P.）在大學攻讀神學，為蘇黎世附近地方的牧師。父親約翰巴普體斯・裴氏（Joham Baptist, P.）是蘇黎世有名的外科兼眼科醫生，為人誠實、清廉、仁慈、博愛。母親蘇珊娜・候慈（Susanna Hotz）是當地望族，虔誠慈愛、性情溫和[23]。裴斯泰洛齊父親比較早過世，家境蕭條，由慈愛賢慧的母親與忠心的女僕巴貝里（Babeli）扶養長大。因受祖父的感化、母親的慈愛與女僕的犧牲之故，頗近似女性，缺乏勇敢進取之氣概。故在小學時，常被其他同學嘲笑玩弄。但富於情感與想像，不過理解力不好[24]。崇高與純潔的家庭氣氛中薰陶他成長，隔離塵俗，一直追求理想的境界[25]。

22　田培林（1955）。裴斯泰洛齊教育學說。台北：復興。頁 1-2。
23　小川正行（1919）。裴斯泰洛齊──生涯及事業。東京：目黑。頁58。
24　雷通群（1980）。西洋教育通史。台北：臺灣商務。
25　吳志堯（1948）。裴斯泰洛齊。台北：臺灣商務。頁 24。

九歲時，裴斯泰洛齊時常找祖父遊玩，當地山光明媚，風景極佳。他常與祖父訪問貧民、病人或學校，親眼看到農民和兒童的苦難與無知，無限的慈愛與同情油然而生，因此立志研究神學，獻身於傳教事業[26]。裴斯泰洛齊少時雖然在物質上未有任何享受，但在精神上卻有莫大的豐收。

　　裴斯泰洛齊九歲進入拉丁學校，十六歲上文科專門學校（Collegium Humanitatis），十八歲升入卡羅林學院（Collegium Carolinum）研讀神學，希望能像其外祖父一樣成為博施濟眾的牧師。該學院雖然規模不大，設備簡陋，但擁有許多著名的學者，其中擔任歷史及法政學教授卜德美爾（J. J. Bodmer，一六九八至一七八三年）和希伯萊文及希臘文教授卜來廷格爾（J. J. Breitinger，一七〇一至一七七六年），皆愛學生如親生子，尤其卜德美爾最能喚起學生自由及正義的精神，讚美純樸的家庭親情[27]。他在「死者的對話」中寫道：「你在人間做什麼？找幸福。找到了沒有？唉！太遲了。你在哪裡找？波斯、印度、日本及世界各角落。在哪裡找到幸福？在我村裡的父親家裡找到幸福，我走遍天涯，冒著危險，結果回到自己家裡找到，父親很自然地懷抱著，我一看到，我就死了。」[28]當時院內學生深受他們影響，無不輕視財富、奢侈、虛榮等物質享受，而讚美道德、真理、正義，追求內心和靈魂的滿足。他們組織「瑞西協會」（Helvetische gesellschaft，

26　新掘通也譯（1874）。裴斯泰洛齊。京都：學芸。頁8。
27　同註23，頁23-23。
28　同註26，頁11。

又名「杜爾維」Zu Gerwe），每週集會討論如何提高國民道德，整治社會風氣，改善社會生活等問題。及至一七六二年，盧梭（Jean Jacques Rousseau，一七一二至一七七八）名著《民約論》和《愛彌兒》（*Emile*）相繼問世，裴氏認真研讀後，深受感動[29]。他十五歲加入該組織，本身為多愁善感的人，由於參加了瑞西協會，深受其宗旨及活動的影響，體認到唯有從事政治改革，才能解救貧民的困苦生活。於是他放棄神學，改修習法律，企圖實現盧梭的理想，從事社會救濟的工作，期能協助弱勢人民來改善其生活狀況[30]。

　　一七六五年裴斯泰洛齊在拉伐特（Lavater）主編《反省》（*Der Erinnerer*）周刊登載短文：「誰能發表三、四十頁的小品文，簡潔寫出教育的原理，讓身分最低的市民或農民都能瞭解，並且由兩、三家富豪捐款印給讀者，由牧師分配到父母手中，使人人都能遵守合理的基督教教育原理，則功德無量。」[31] 當時他已充分表現具有藉教育改造社會的意念。

　　一七六七年元月，瑞西協會公開發表「農民會話」（Das Bauerngesprach）言論偏激，蘇黎世政府懷疑裴氏也與該文作者有關，而拘禁三天，經審判後無罪釋放。盧梭「回到自然」的口號，使當時的啟蒙學者對儉樸的田野生活和農業產生興趣，成為

---

29 賈馥茗（2003）。中西重要教育思想家。台北：空大。頁 168-174。
30 玖村敏雄（1980）。裴斯泰洛齊的生涯。東京：玉川大學。頁 19-21。
31 同註 26，頁 18。

時尚。裴氏放棄了對政治的興趣，轉而尋求「拯救農民，教育救民」的途徑。為了實現自己的理想，他不惜犧牲，降低了他的社會地位，到克奇堡的實驗農場學習農業知識和技術。一七六八年，他在比爾附近買了六十畝地，舉辦示範農場，希望改善附近農民的耕作和經營土地的方法與技能，使他們自給自足。但由於經營不善，示範農場不久就宣告破產，他也只好另尋救人途徑[32]。

(二) 新莊時代

一七六九年九月三十日，裴氏與安娜・許爾蒂斯（Anna Schulthess）在蓋必斯都夫（Gebisdorf）的教堂舉行了婚禮。當時安娜三十一歲，裴氏二十三歲，安娜的父母始終不贊成他們的婚姻，婚後生活困苦。後來在涅伊霍夫建立新居，名為「新莊」（Neuhof）。從此，裴斯泰洛齊開始把他的「拯救農村，教育救民」的思想付諸實踐。他在艱苦的條件下，一次又一次、百折不撓、毫不退縮地先後在涅伊霍夫（一七七四年）、斯坦茲（一七九八年）、白格村（一八○○至一八○四年）和依弗登（一八○五至一八二五年）進行教育實驗[33]。可惜因為裴氏不熟悉農場經營，缺乏管理才幹，資金周轉不靈，未及五年，示範農場就失敗了[34]。

一七七四年，面對農場的挫折，以及對《愛彌兒》的更多體

---

32 同註 21，頁 184。
33 同註 32。
34 同註 29，頁 171。

會，他便將重心移至教養貧苦無依的兒童上。裴斯泰洛齊在涅伊霍夫開辦「貧民兒童教養院」，認為拯救貧苦兒童的唯一途徑是教育。他把最貧苦的兒童帶到家裡，以熱情教育他們，與他們共患難。他先後收了六至十八歲的乞丐孤兒和流浪兒童。為了教這些小乞丐生活得像是一個人，他自己生活得像乞丐。這一切是他在為窮人的需要打算，使自己的理想得以實現。裴氏把孤兒院辦成教育與生產勞動相結合的機構，給兒童慈愛的氣氛，教他們農耕與紡紗等的生產勞動技術與方法，使他們生活可以部分自給，培養他們逐漸以自己的力量克服貧窮；同時又教他們讀、寫、算的知識，並進行道德教育。才經過幾個月的時間，孩子們已有明顯的改變。在生產勞動和與勞動有關的學習中，他們都有進步，樂於勞動和學習。他們也意識到自己受到關愛和照顧，對裴斯泰洛齊一家表示敬愛。一年多的實踐，取得實驗的成功與很大的成績。裴氏遂向社會呼籲為貧苦兒童開設孤兒院，希望得到社會各界的贊助。他實施的教育與生產勞動相結合的新措施，在教育史上是一個創舉。但由於他不願兒童過度操作，又得不到外界的資助，經濟情況愈來愈困難；由於沒有做好兒童家長的溝通工作，他們對裴氏要求兒童參加生產勞動無法理解，誤認為兒童受到剝削，因而表示不滿。一七八〇年，孤兒院被迫停辦。在涅伊霍夫五年，第一次教育實驗最後失敗了。但他堅信教育貧苦兒童的事業是可行也正確的，堅信兒童勞動的多方面訓練是發展兒童體力、智力和道德的手段，可使兒童獲得以後謀生的技能[35]。

---

35 同註 21，頁 183-192。

對於這次的失敗，裴斯泰洛齊曾自省：「如果我知道量力為之，不要一下子把規模擴充太大，也許就不會失敗了。」此後十八年間，他都在照顧體弱多病的妻兒，傾力著述，先後完成《隱士的黃昏》、《賢伉儷》兩書。《隱士的黃昏》是以盧梭的自然教育理念為根本，主張教育應以發展兒童天賦的內在能力為目標；教育方法要能遵循自然來依序漸進；家庭是為教育的最佳場所。《賢伉儷》是記載一位深富同情心的賢慧婦女葛姝（Gertrude），面對品德敗壞的社會環境，她憑著豐沛的愛心和努力的奉獻，改正了丈夫的壞習慣，也使村莊變樂土。兩書內容不只是裴氏日後推動平民教育的主要依據，且因獲得極高迴響，法國立法會議在一八九二年授予他「法蘭西共和國榮譽公民」的稱號，肯定他的辦學與論著所帶來的影響[36]。

(三) 斯坦慈時代

斯坦慈（Stanz）土地肥沃，居民生活富裕，信仰舊教、酷愛自由，不肯宣誓效忠新政府，反抗法軍，終遭大屠殺。事後，老人、貧苦兒童暴增[37]。一七九八年，裴斯泰洛齊接受瑞士政府的委託，在斯坦慈籌辦一所孤兒院，教導八十名五至十歲的兒童，學習基本知識和手工藝。本著奉獻教育的初衷，他把孤兒院當作教育的場所，以慈父般的情感對待這群粗暴的兒童，進行一種「家庭化」的教育活動，教導他們愛好學習新知、樂意從事勞動

---

36 同註 29，頁 172。
37 同註 30，頁 95-97。

及友善對待他人，成效顯著。他主張言教不如直觀教育重要，直觀的對象並不需要一些機械或人為的方法，最好是從日常生活中培養。但次年法軍入侵，孤兒院改醫院，裴氏的教育事業雖然再次受到打擊，但是這次的教學成績增強了他的信心。

(四) 白格村時期

一七九九年，裴斯泰洛齊到白格村伊索幼兒學校擔任教師，由於受到訓令所限，讓他難以發揮所長。他曾說：「在我一生中，從不想有那種負擔。我大為失望，我得在學校的機械常規下卑躬屈膝地進行教學。」儘管如此，他的教學成效，仍獲得肯定。於是在大家的支持下，在一八○○年接任一所中學校長的職務。在這所中學內，他堅持教學活動須依照兒童心理的發展程序，從對事物的直接觀察開始，在教導語言、算術、地理、歷史、圖畫、唱歌及體操等課程時，皆採用直觀教學法，如此才能增進教師的教學效果，提升學生的學習績效。此外，這段期間裴斯泰洛齊陸續寫成《葛姝教學法》、《母親的讀物》、《數的直觀教學》等書，闡述其教育思想及相關作為。由於辦學成功，吸引各處人員來觀摩學習。惟後因為政權更迭，及經費匱乏，使得裴氏轉往依弗登（Yverdun）從事他一生中最長的教育旅程。

(五) 依弗登時期

依弗登城原是一所衙門，城內四角築有高塔，周圍有一大片廣大園地，適合收容較多的兒童。學校開辦，教師大半為白格村

學校的舊同仁，甚有教學經驗，其他尚有學識極優的教師，如幼稚教育之父福祿貝爾（Froebel），亦聞名前來參加工作。同事們勤奮努力，合作無間，學校裡充滿了蓬勃朝氣，於是英、美、德、俄各國政府，紛紛派遣學生前來學習。

　　史學名教授傅理明（Vulliemin，一七九七至一八七九年）幼時曾在該校就學，後來在他所著的《幼年回憶錄》（*Souoenirs-nocartes ases petits enfants*）中曾記述一依弗登初期的情況說：「我們偶爾不見裴斯泰洛齊，心裡便感到不安，當他再度出現時，便不讓他離開，大家內心仰慕他。學園裡有一百五十至兩百人，來自各地的青少年聚集一堂，共同學習，一起遊戲，生活非常有趣。教師大半很年輕，他們多是昔日瑞士革命時，裴氏親自收養的孤兒，其他還有兩、三位學者應聘協助裴氏工作，他們常說『不能以馴犬來訓練兒童，應該陶冶兒童。』我們的學習包括數、形及語言。語言教學採用直觀方法，我們學習敏銳觀察事物的相互關係，獲取正確觀念，所以我們用語言表達觀察所得的事物，毫不感困難。初步學習地理，是在依弗登附近河川上游觀察山谷，然後攜帶泥土返校塑造山谷模型，每日繼續從低處到高處，從部分到全部仔細觀察，一直到模型完成為止，始給予觀看地圖。」

　　又根據依弗登學校的教師普羅希曼（Blochmanm，一七八六至一八五五年）報告當時的學校生活：「教師早晨四點半以前起床，學生五點起床，夜間教師輪值巡視學校，兩點叫醒裴氏，六時至七時兒童預習功課，接著早禱。晚禱時集合男女生在城內一

起舉行，裴氏以聖詩、聖歌或道德為題材做長篇演說。早禱後兒童到中庭洗冷水澡，沐浴完了集合點名，然後早餐。八時至十二時上課，學科以宗教、讀書、算術、幾何為主。中午到下午一時在湖畔遊戲或游泳，直到午飯時間，中餐簡單，時間很短。下午二時開始上課，四時再到湖畔遊玩，然後下午茶。此時教師集合在一室自由交談。五時至六時兒童準備次日的工作，六時晚禱，然後晚餐，九時就寢。兒童每週分別晤見裴氏一次，裴氏每利用這個機會給予學生讚許或規勸，這不僅使學生受益良多，對指導教師亦有很大的啟示。星期六下午九點召開教員會議，由裴氏親自主持，批評兒童及協調有關訓練事宜。星期一至星期五每日同一時間，教師自行召開教學協調會議，但裴氏不親自出席主持。」[38]

至於依弗登學校的家政方面，全部由克留西夫人伊利沙伯奈夫（Elizabethnaef）負責。伊氏原為裴氏女僕，忠誠的幫助裴氏三十年，令人敬佩。全校教師的生活，簡單樸素，除幾位年紀較大者住在城外，師生膳宿不分。課程尚有軍訓教練、射擊預習、手工、園藝、製本、厚紙工、模型製作等。元旦舉行演講、宗教儀式、大會、晚餐、舞蹈會，均由師生共同準備各項活動，演出節目非常精彩。

裴氏為滿足來訪客人，在城內設置印刷所，出版《教育週報》，發表《體育論》、《直觀數學的初步》、《對家長及大眾的學校報告》等著作。裴氏的依弗登學校極富盛譽，但他始終將所有的成就歸功於全體教師。最後，裴斯泰洛齊於一八二五年三

---

38 同註 30，頁 177-178。

月二日，離開二十一年辛苦耕耘的依弗登學校，返回新村農場隱居。

(六) 晚年生活

將近八十高齡的裴斯泰洛齊，拖著全身疲憊的身體，帶著沉重的心情，回到最初從事教育工作的「新莊」，頤養天年。他回顧一生的教育事業，寫成《天鵝之歌》一書。在這部最後的著作裡，描述了他致力於教育活動的經過及堅持的教育理念。一八二七年二月十七日，這位奉獻不悔的教育家，長辭人世。不過他留下的教育理念，帶動了歐洲各國推動國民教育的風潮，也啟發後來的教育學者精研教學方法，這些都突顯了裴斯泰洛齊舉足輕重的教育史地位 [39]。

二、哲學思想

(一) 人性信仰 [40]

1. 自然本質

裴氏認為人類內在可區分為：低級的自然及高級的自然。

低級動物的自然，如：感官體驗、生理與滿足需求、死亡等。而高級的自然，就是精神道德的自然。裴氏認為由於人內在

39 同註 29，頁 174。
40 林玉体（2002）。西洋教育思想史。台北：三民。

存有精神道德的自然，因此人具有良知並學習，會致力追求自我的完備。

裴氏也發現精神道德及動物自然之間有關聯性，即精神道德的自然是以感性動物的自然為基礎。所以裴氏特別重視本能及內在的發展，他重視天然的感性，也主張道德與精神的尊嚴。期待人由動物自然朝向精神道德的發展。

2. 人類發展過程

裴氏認為人的天性有朝向進步發展的可能。即是由「動物狀態」到「社會狀態」，最後到「道德狀態」。

(1)動物狀態：當人在不考慮社會關係的情況下，即屬低級自然。

(2)社會狀態：即考慮社會關係的情況下。

(3)道德狀態：考慮達成自我的內在完美性時，是為高級自然。

所以，人是包括外顯生理與內在蘊涵的能力，人會連續漸進發展，由低層次的動物性朝向高層次的道德性。

(二) 宗教信仰 [41]

裴氏的哲學思想，歸納如下：

---

41 http://web.thu.edu.tw

1. 信仰要實踐

裴氏反對人們對義務不盡責卻滿口仁義道德。僅憑自己的主觀臆測上帝和天國。他認為通往天國之路，在於完成俗世的責任與義務。只寄望永生，而忽略今世生活是錯誤的。信仰所帶來的力量是裴氏著重的：他認為只要有力量，就有義務在世上做有益的事。他主張信仰並非與日常生活脫節；而是應該成為人們忠實完成今生義務工作的力量源泉。

2. 不贊成迷信

裴氏認為宗教是人類精神的歸宿，他肯定信仰上帝具有教化民心的功用。也強調：人的存在並不是為了宗教而存在，宗教的設立是為了人內在的需要而設立。他也認為宗教信仰應該透過科學的分析加以檢視，可以分析解釋的部分都不是迷信，因為這是人人都能瞭解的。裴氏反對過分迷信，但認為信仰是最基本的情感與道德基礎。裴氏企望透過好的教育和信仰的幫助，使人民品質更臻完美。

三、教育思想

(一) 學前教育內涵 [42]

裴氏倡導學前教育，並且非常注重幼兒成長環境。認為家庭

---

42 同註 41。

是幼兒教育最重要的場所，影響至為深遠。教育者必須使幼兒生活的環境，能夠提供保障成長以排除外界不適當的影響，促使幼兒自然發展。裴氏提出許多學前教育實施的原則與方針，以健全人格的養成為重心，並促進幼兒「心、頭、手」整體和諧之發展。茲將內涵分述如下：

1. 重視道德

幼兒能感受到照顧者的情感，所以在幼兒懂得道德的價值前，必須讓幼兒體會到最高尚的道德就是照顧者的呵護與奉獻。即使這時幼兒的理解力有限，但在照顧者懷抱中的幼兒會受到潛移默化的影響。

幼兒順從照顧者的作為是經過理解和思考的。而照顧者歡喜的表情卻是愛的流露，它是持久的道德天性。一旦愛和信任在幼兒心中扎根，照顧者必須盡自己的能力鼓勵幼兒，時時刻刻都對幼兒採取喚醒和增強幼兒愛和信任的態度，使其不斷被增強。

2. 注重興趣

裴氏認為幼兒不願學習，原因是因為缺乏興趣。而幼兒缺乏興趣的原因，也與教育者教學的方法不對有關。他特別強調教師必須設身處地以幼兒的角度去感受。教師應採取好的教學方式，減少幼兒處於消極及被動地聽課狀態。應使幼兒能更多地思考及參與活動，透過提問、解釋來激勵幼兒，藉以提高幼兒的學習興趣。裴氏認為更重要的是：教師本身必須對於教學充滿興趣，並

能以和藹可親的態度對待學生。

3. 培養自制

　　裴氏認為嬰兒初生時有強烈的動物本能。但此時不應將本能視為壞的，因為孩子的行為還沒有和意識相結合。他建議教育者教養孩子時，要有所堅持，勿滿足幼兒過分的要求，並且盡可能遵守同一個規則秩序。他反對教育者一味地順從幼兒的要求，但他也強調不應以嚴厲的懲罰來處理幼兒過分的要求。更認為：使幼兒產生「害怕」情感的教育手段，將會導致許多不良後果。裴氏認為應藉由愛的力量影響幼兒。強調人的天性中具有能用心去愛人和同理他人的能力，藉由愛的力量可培養孩子的高尚天性。

4. 引導注意

　　教育者應透過鼓勵幼兒把注意力集中到物體上，而使幼兒經由感官印象產生教育作用。但在訓練注意力時，觀察目標範圍必須是在實際生活的周圍觀察，以避免對事物的認識產生模糊。孩子開始不斷地觀察，學習把各個事情聯繫起來，尋找潛藏在事物並在各種不同環境中引起喜怒哀樂的原因。教育者引導幼兒進行事物的觀察，就打開了幼兒的理解能力之窗，當幼兒露出對事物的理解和興趣時，表示幼兒的智力正在發展。所以，教育者應該將幼兒的注意力引向生活中各種可以感覺得到的對象和事物。

5. 啟發思維

裴氏強調教育者應以幼兒為中心，引導幼兒進行各種觀察，同時鼓勵幼兒發現各式各樣的問題。他指出：一切事物都可以用於直觀教學。孩子生活中的一切，如遊戲、與父母及朋友的關係、自然現象等，都能成為教育的課題，一方面能教給孩子有用的知識，更重要的是，孩子能養成對自己看到的東西進行思考。裴氏認為成人單方面注入的解說方式是無法促進幼兒的思考；相反的，應該透過和幼兒對話互動的過程，引發幼兒進行思考。裴氏謂：不應該對幼兒長篇大論。長篇大論會扼殺孩子的注意力；相反的，靈活機智的提問卻能喚起孩子的注意力。

6. 鼓勵獨立

裴氏強調幼兒在成長過程中會自然邁向獨立。包括：身體的成長及智力的發展和道德上的獨立。他認為當幼兒能夠在沒有幫助的情況下開始邁步走路時，便是幼兒朝著自己獨立的方向邁出了重要的一步。幼兒因成長學會以意志和運動身體之外，幼兒也開始尋求在智力及道德上獨立。裴氏認為當幼兒開始出現不依賴他人時，教育者必須逐步地放手，對於幼兒的嘗試行為加以正確引導。以幫助幼兒成長。

7. 語言教育

裴氏反對當時的文字教育，而強調生活教育。認為使幼兒得

到適切的語言發展，應該要先讓幼兒在生活中接觸經驗事物，引起幼兒的注意以加深印象。此外，裴氏反對讓幼兒過早學習外語，他認為讓幼兒過早花心力在這樣的學習上是無意義的，應該是等幼兒對於母語有成熟的掌握後，才適宜進行外語教學。

8. 音樂與繪畫

裴氏認為提供幼兒美術或繪畫方面的經驗，屬於學前教育的範圍，有助於培養良好的審美觀。當幼兒由練習臨摹物體到完成作品的繪畫過程裡，會學習到安靜、專注、堅持和努力的好習慣。繪畫外，也可提供幼兒使用捏製的材料進行模型的製作，捏製模型的過程有助於培養學習興趣。而音樂有撫慰人心和抒發情感的功用，教育可以藉由音樂的感染力以陶冶人的心靈、性情，有助於幼兒道德的發展。裴氏特別強調家庭和學校皆不能忽視音樂的教育作用。

9. 體能活動

裴氏認為體能活動可以鍛鍊體魄，使身體各部分的肌肉相互協調，更重要的是藉由體能活動，可以培養幼兒獲得良好的品格。他指出：體操對身體的益處是很大的；由此而產生的道德上的益處，也同樣是可貴的。體操能使孩子健康、愉快，又能激發他們的團結、友愛精神。裴氏在其著作《母親的書》裡，將其設計的體能訓練課程，稱之為「活動」。建議教育者應透過有系統、有步驟，由易到難的順序安排，以鍛鍊體能。

10.遊戲

　　裴氏認為遊戲有提高幼兒學習興趣的功能，教育者在教導幼兒時，應該將教學融入遊戲中，才能引發幼兒的學習興趣，使幼兒積極愉快地投入學習。

(二) 教育思想

1. 教育理想 [43]

　　裴氏主張教育目的，在於人的完整發展：培養道德，啟發智能，鍛鍊身體，使情感與理智和諧，並有生活技能與實踐的能力。他也提到必須從以下三種關係去探討教育目的：
　　⑴人與造物主的關係：透過信仰喚起人內在真與善的信念；⑵人與社會的關係：藉由教育啟發理性、促進智能，並獲得謀生的技能；⑶人與自己的關係：認為當內心世界與外部世界達到和諧，人便能夠對於欲望掌握適當。

2. 教育原理

(1)遵循自然發展 [44]

　　裴氏指出正確的教育如園丁植樹，生長的原理在於樹木本身，園丁是一無所為，僅僅看護著樹木，排除傷害、干擾樹木健

---

43 同註 41。
44 林玉体（1999）。西洋教育史。台北：師大書苑。

全生長的自然。他強調「教育者也是如此。他既沒有提供生命也沒有提供呼吸，只是看守以防外部力量的傷害」。因此教育者必須充分認識人類心智的特殊構造，懂得正確方法促進人各種能力的結合。

(2)促進能力發展 [45]

教育的宗旨是培育幼兒得到整體的發展。使人的道德、智能以及身體獲得成長。應依據人的本質與自然發展，遵循自然的秩序而發展人的心靈、頭腦和手的能力。心指精神，是道德及宗教的培養；頭指智慧，是知識及思想的陶冶；手指身體，是體力與技能訓練，使其相互為用。

(3)家庭為教育起點 [46]

裴氏認為家庭是兒童的庇護與安全感的來源，保護兒童避免受到外界的傷害或是不當的影響。其次，家庭提供兒童安全無憂、純真良善的成長環境，家庭生活提供孩子成長所需的自然養分，促進兒童在道德、智能以及身體方面的發展。同時，裴氏強調教師是無法完全取代父母的教育地位。

(4)愛的意涵 [47]

裴氏主張人的教育活動必須以愛為起點。藉由愛的純潔、真誠和力量喚起兒童心中的愛。裴氏將盧梭及其他教育哲人的教育思想予以實踐，堅持教師要對學生將來成為怎樣的人負責。裴氏

---

45 黃淑霞、陳月英、何景行（2000）。幼兒教保概論。台北：啟英。
46 徐宗林（1998）。西洋教育思想史。台北：文景。
47 同註 40。

將愛視為所有感情的核心力量，愛的情感能夠使感性與理性保持
和諧。認為愛是培養道德、知能和體能訓練的基礎。

(5)感官經驗 [48]

裴氏重視感官經驗及實際生活經驗的活動。教學應以感官經
驗為基礎，藉由直觀，使兒童由模糊的直觀提升至清楚的概念。
並強調教學除了透過感官知覺接獲事物本身之外，還必須結合
「數」（Number）、「形」（Form）、「語」（Language）三個
基本元素的教學，幫助兒童對於事物的認識，由原本混亂的直觀
朝向清晰的概念。裴氏倡導直觀教學法，主張實物教學，提倡應
該以實際的生活作為教育的基礎。此外，必須進一步培養兒童理
解力，使兒童能真正理解物體，並且有能力對該物體與其他物體
加以區別。裴氏也強調教學必須引發兒童的好奇心，讓兒童使用
感官獲得事物的直觀印象，再籍由數、形、語三個教學手段，發
展理解能力，對事物更加認識。

四、結論 [49]——對後世的教育影響

(一) 教育自生活取材，直觀為基礎

裴氏認為教育就是生活，必須從兒童身邊選取教材。在經驗
的基礎上進行教學，同時配合幼兒理解層次。是故直觀成為教學

---

48 同註 45。

49 高義展。裴斯泰洛齊教育思潮對幼兒教育的啟示。http://www.growth.
com.tw

所循的必然途徑。

(二) 全人教育理想

裴氏教育思想特徵在於將人置於關係中來理解。真正的教育，最終使人成為頭腦、心靈自由的人，能夠從事自我的學習。

(三) 順從自然的教學方法

裴氏認為「順從自然」不是放任幼兒隨意成長，教師應該設法排除妨礙或擾亂發展的任何外力。

(四) 重視親子關係

讓父母認識到人性發展的可能性，並必須親自體會教育子女得到的歡悅。母親應在愛和滿足子女需要的基礎上，養成幼兒的良好品格。

(五) 注重教師素質

一位教師應該近似父母，才能成為好的教育者，彌補家庭教育的不足。

(六) 視兒童為主體

裴氏反對以教師為中心的教學，強調以直接經驗取代教科書，主張進行教學前應先認識兒童的本質與發展階段，教學內容的設計安排，必須以生活經驗為依據，教育是以學習者為導向。

(七) 推展親職教育

實施親職教育是以多元文化、家庭系統的觀點與兩性平等的共識為前提，促使家庭能有效發揮教育功能。使學校教育亦能夠彌補家庭教育的不足，奠定身、心、靈健全發展的基礎。

(八) 培養宗教情懷

裴氏主張教育除了培養學生思維能力和傳授生活技能之外，也應該指導學生正確認識人生的目的與意義。

貳、費希特（John Gottlieb Fichte，一七六二至一八一四年）

一、時代背景 [50]

一七六〇年至一八六〇年正經歷歐洲史上影響頗大的工業革命時期，以機器取代人力，以大規模工廠化生產方式，取代人力手工生產的一場生產與科技革命，藉由大量生產，將產品流入亞、非大陸市場競爭。工業革命確實為歐洲帶來大量財富，卻也衍生出許多的負面問題，例如：大量工廠成立，造成勞資雙方對立、人口大量集中於都市、貧窮問題嚴重、工人生活和工作環境惡劣、工廠制度取代家庭制度。由於自由經濟主義的興起，進而

---

50 張欽盛（1986）。歐洲教育發達史。台北：金鼎。
　　http://zh.wikipedia.org/zh-hk/%E8%B4%B9%E5%B8%8C%E7%89%B9

擴大了人民的民主政治參與，提高了勞工地位，使其所衍生的勞工和子女的教育問題，也成為歐洲各國政府關切的重點。

十九世紀初，延續法國的大革命戰爭。拿破崙稱帝統治法國，擴大統治版圖，引起的拿破崙戰爭，讓法國國勢迅速崛起歐洲。廢除封建制度等相關制度，更在歐洲掀起了自由革命的聲浪。最後，在侵俄的滑鐵盧之役戰敗，於一八一五年結束了拿破崙戰爭。維也納會議的目的在於重劃拿破崙戰敗後的歐洲政治地圖，重建歐洲秩序，並壓制各國的革命運動，企圖恢復到原有的秩序。

一八七〇年以後，歐洲各國政治安定，便紛紛向海外殖民地擴展版圖。帝國主義瀰漫全球，亞、非成為各國統治的殖民地，歐洲強權更占據了世界的主導地位。

教育思想家如裴斯泰洛齊、費希特、赫爾巴特等，不斷地為教育做出貢獻。

一八〇七年普法戰爭，敗於法國。費希特和史坦因乃主張致力於教育改革，加強國家對教育的重視，並進一步改善國民教育，提升國家的教育發展。

二、生平事蹟[51]

費希特是一位哲學家、教育家，生於一七六二年五月十九日。父親從事紡織手工業，因家庭中的兄弟姊妹眾多，生活困苦。費希特幼年受到母親深遠的影響，因此不論是在身心、個性

---

51 同註 50。

上都酷似母親，做事堅忍不拔，性格急躁剛直。

一七四四年，在波爾達貴族學校接受教育，學校的學風自由，准許學生在課餘時間私人自學，這也間接影響了日後他在提倡國民教育時，建議將學校與社會隔離的主張。其後他曾閱讀盧梭、蒙田、歌德等人的著作。一七八〇年，他進入耶拿大學神學院學習；一七八四年，由於經濟困頓無法繼續就學，迫使他在獲得學位前就結束了他的學業。一七八四至一七八八年以擔任家庭教師為生，半工半讀繼續攻讀哲學。一七九〇年，他結識了德國著名詩人克洛普施托克的姪女約翰娜（Johanna Rahn），後來於一七九三年在蘇黎世兩人結為夫妻。

同年，他開始研讀康德的著作，這對他後來的哲學思想產生了深遠的影響。一七九一年完成了他的第一本哲學作品《試評一切天啟》（*Versuch einer Kritik aller Offenbarung*），隔年由康德推薦出版，此書的出版使費希特聲名大噪，一舉成名。一七九四至一七九八年，費希特應聘擔任耶拿大學教授，主持康德哲學講座，並完善他的哲學體系。此後他陸續發表了《全部知識學的基礎》、《自然法學基礎》、《知識學原理下的道德學體系》等著作。

一七九八年，在他擔任《哲學雜誌》責任編輯的時候，收到了一篇宗教懷疑論的來稿，雖然費希特不贊同作者觀點，但由於他堅持出版自由，還是將此文發表。這篇文章後來被別有用心的人利用來攻擊費希特是個無神論者，迫使他離開耶拿，遷居柏林，並在柏林從事著述和講學。

一八〇六年，普法戰爭爆發，拿破崙率領法國軍隊侵占普魯

士，費希特擔負起宣揚愛國主義的任務，以滿腔的熱忱激發國民的愛國意識，一八〇七年，他回到法軍占領的柏林，發表了著名的《敬告德意志同胞書》（*Addresses to the German Nation*），同時倡議建立柏林大學培養高級人才，得到政府的支持。一八一〇年柏林大學成立後，費希特擔任該校哲學系系主任，並成為第一任校長。

一八一三年柏林保衛戰爆發，城中擠滿傷員，瘟疫流行，不幸於一八一四年一月得傳染病去世。他的一生中有許多著作，後世學者可於《敬告德意志同胞書》演說集中，清楚窺見其教育思想。

三、哲學思想

(一) 知識學

費希特認為只有純粹的自我意識，才是絕對的、統一的共同原理，亦即「眾學之學」。此自我意識，可簡稱為「我」，費氏認為既可以認識到第一因的我，則沒有什麼是不可知的，這個絕對自我，不是經驗的自我，也不是先驗的自我。一般哲學家普遍認為存在是活動的主體，而費希特的知識學卻顛倒了兩者間的關係，他認為自我的純粹活動是在存在之前，先於一切經驗，是最原始的行動。一般所說的存在是含有目的性的，而費希特所說的行動之先是沒有原因的。故知識學又可稱為「行動哲學」。他不承認康德所說的知識來自經驗和理性的二元論，而是主張自我意

識的理智直觀的一元論，不同於康德的批評的理想主義，而是主觀的理想主義、唯心主義。

本原行動是一切思維與存在的根本、純粹意識的基礎，也是規定其他意識的原始行動，而不是他物所給予或受其他東西的規定，它是主客統一體，而這個本原行動只可以是人的理智直觀，是由自己設定是自己的純粹意識活動 [52]。

針對自我意識的本原行動為第一原理，闡釋出的三原理命題，如下：

1. 第一個階段「自我設定自我」

「我」是由純粹的理性自我意識所建立，而不是由有限的感覺意識經驗所產生，必須是由我來肯定我的存在，而這是絕對無條件，即可不證自明的。費希特不斷地強調這個「自我」不是指個體或個人的意識，而是純粹的一般意識活動，亦即「絕對自我」、「純粹自我」。它是行動者，也是行動的產物，先於一切存在和事實，是最原始的、預先設定的東西。

命題「A ＝ A」，即「我就是我」，自我設定自我是以自己本身為根據直接的設定，只要自我存在，則設定的我必存在；反

---

52 http://translate.google.com/translate? hl=zh-TW&sl=zh-CN&u=http：//
philosophy.cass.cn/facu/xiediknu/lunwen/05.htm&sa=X&oi=translate&
resnum=5&ct=result&prev=/search％3Fq％3D％25E8％25B2％25BB％
25E5％25B8％258C％25E7％2589％25B9％26complete％3D1％26hl％
3Dzh-TW％26rlz％3D1T4GGIH_zh-TWTW255TW255

黃頌杰（2002）。西方哲學名著提要。南昌：江西人民。

過來說，它存在，則是因為它設定自己。他們之間的關係不在於
A 是什麼，而是在於 A 與 A 之間自我設定的邏輯關聯，然而，這
之間的關聯是由自我設定的，進行判斷的也是我自己，所以，在
這個命題中某種東西（即自我）永遠都是自身統一的。這兩者間
的關係不存在則已；一存在，則兩者間的關係必肯定其同時存在
的關係，「設定的自我」與「存在著的自我」是完全相同的、統
一的東西，兩者建立了絕對無條件的必然關係。

2. 第二個階段「自我設定非我」

命題「$A \neq -A$」，這是一個矛盾命題，「自我」是正論，
「非我」是反論。反論的我是正論的我「形式」的否定，而非
「內容」的否定。相對於第一個命題，這裡的自我仍是同一個自
我，不過它是自我的一種對設，形式不須任何條件為前提的行
動。$-A$ 是 A 對設的產物，想知道 $-A$ 是什麼，就必須先認識 A
是什麼，A 的自我是直接被設定的，與自我相反的就只能是非我 $-$
A，此原理在形式上是無條件，但實質上則是有條件的，就是要
從萬物本原的絕對自我去推演外邊世界，此為費希特建立先驗唯
心論體系中的一個環節。

3. 第三個階段「自我與非我的綜合」

命題「$A + (-A) = X$」，它是自我和非我的統合，不同於
前兩個命題，此命題是可以證明的，而且形式上具有條件，但內
容上是無條件的。以「同一律」的原則，是自我就不能是非我；

反之，是非我就不能是自我。為了解決這個矛盾，保證意識的統一性，就必須對設定的自我和非我加以限制，除了實在性和否定性的概念，還包含自我與非我的可分割性概念，使我（主體）與非我（客體）可以互相制約，自我和非我就可以統一絕對自我，同時又無損於意識的統一性，兩者間可以相輔相成，而具其意義和功用。

　　費希特發現兩者間的關係，活動的是原因，受動的是結果，從活動與受動的相互規定中，就產生原因與結果的對立，要使因果的對立達到統一，就必須有第三個命題的綜合，限制兩者間的因果關係，使它們在效用性中達到統一。引述費希特所說：「我們的任務曾經是去統一對立物，統一自我和非我。透過想像力，它是統一矛盾雙方的東西，自我與非我現在可以完全統一起來了。」[53] 他認為，這個定理中包含的主要是自我與非我的對立，而只有自我的實踐能力才可以使兩者間的對立結合起來。

　　費希特認為自我對客體的規定必須從前提、動力和方向三方面進行，以實現自己的實踐能力，儘管實踐自我在意識中達不到純粹的自我理念，但在哲學反思中卻被認為應該努力的達到這個理念，他將康德的先驗唯心理論加以發揮，並從概念的矛盾間推論出新的觀點，對後來的哲學上有不容忽視的影響存在[54]。

---

53 同註 52。

54 賴賢宗（1998）。康德、費希特和青年黑格爾論倫理神學。台北：桂冠。
　　同註 52。

(二) 費希特的宗教哲學 [55]

　　費希特是近代宣揚道德宗教的代表人物之一，費希特的宗教哲學分為兩個時期，前期是「先驗論」為中心，後期是「永恆意志」為中心。他在早期發表《試評一切天啟》的論著，以康德的倫理學和道德法則為原則，著重研究天啟概念的演繹、天啟概念的必要和可能性以及天啟概念的標準評判。

　　費希特在康德實踐理性的基本原理，要求一切理性存在物無條件地服從道德法則的關聯中，假設上帝是統一自然規律和道德法則的力量，然後從兩者間推演出天啟概念。天啟概念的必要性，費希特認為，對於道德敗壞的人，宗教只能直接建立某一道德存在的神聖的權威，而不能建立在他物上，因為上帝賦予宗教此種權威的必定是上帝本身。關於天啟概念的可能性，費希特認為這是一個實踐理性的問題，藉助上帝使自然規律和道德法則的因果性的結合成為可能，透過確立對作為道德立法者的上帝的信仰，證明道德神學的力量。天啟宗教的最終目的是增進純粹道德，而這只有透過自由才可能獲得，強制只會產生矛盾，上帝不

55 http://translate.google.com/translate? hl=zh-TW&sl=zh-CN&u=http：//
　　philosophy.cass.cn/facu/xiediknu/lunwen/06.htm&sa=X&oi=translate&
　　resnum=6&ct=result&prev=/search%3Fq%3D%25E8%25B2%25BB%
　　25E5%25B8%258C%25E7%2589%25B9%26complete%3D1%26hl%
　　3Dzh-TW%26rlz%3D1T4GGIH_zh-TWTW255TW255 載於《雲南大
　　學學報》二〇〇二年第一期，謝地坤著。
　　同註 54，頁 124-125、頁 163-167。

會用違反道德目的的手段，也不允許人們這樣做，費希特的結論是「天啟應是自由、上帝和不朽的理性理念」。

先驗哲學是從意識中可證明的事實，透過反思去承認超感性的存在者上帝，而並非隨便證明上帝的存在或不信仰上帝。先驗哲學信仰的道德世界秩序是宗教的本質所在，宗教本質在於它是人們在此世的道德行動，信仰在於它是一種內在義務和責任感的道德，現實世界只是人們履行道德義務的感性質料，人們的道德行為則屬於道德世界秩序，而這個道德秩序則是神聖的。

晚期，費希特不再把「絕對自我」當作推演一切知識的前提和世界的起源，而是尋找更高的精神實體當作所有存在的根據。強調感性世界與超凡世界的聯繫。他認為：一種結果是在塵世的，透過自然秩序的作用而獲得；一種結果是在超凡世界的，由於道德秩序的影響而發生。

與在耶拿時期相比，費希特現在認為人們聽從的道德法則，是為了進入超凡世界，而不只是來自純粹意志和為了建立道德世界秩序。費希特從認為一般存在過渡到絕對存在，只有信仰無限和永恆的上帝，道德法則才具有價值。人的真正極樂生活不在感性世界之中，而是永恆意志的存在。

四、教育思想

費希特認為：普魯士與法國（一八○六年）戰爭的失敗是因為普魯士人民族精神渙散、民族道德淪喪，及過度的個人思想傾向所造成的。因為當時教育的失敗導致整個時代的精神墮落，唯

有革新教育才能挽救當時德國人消極的想法。在教育觀上,他主張把教育作為救國的途徑,強調以振興國家和民族為宗旨,在《敬告德意志同胞書》中說:「凡是真正的德國人,唯有把他認作是德國人,他才能活下去。挽救德國人的手段,只有教育。」

當時的教育有兩大缺點,其一是沒有注意到人的品格培養,其二為教育是極少數人的特權,因此費希特提倡道德教育,並認為國家應實行強制性的普及義務教育,以提高國民的愛國精神與獨立的人格。

(一) 教育基本理論[56]

1. 費希特認為日耳曼民族是一個有歷史,有光榮傳統與優良文化的民族,但是戰爭的失敗卻顯示日耳曼民族正遭遇困難,而要恢復日耳曼民族的優良傳統,唯有教育始能勝任。

2. 民族文化的復興需要透過教育培養真正具有品德、善良意志、能夠擇善固執的個人,教育要培養能以民族國家為重的個人,才能使民族倫理再現。

3. 真正有品格的人能發自內心喜愛正義,因此教育須注意個人內心對是非的認識。

4. 以往的教育過分重視記憶與被動接受教師所提供的學習內容,新教育需要引起學生的學習動機,並注意個人意志力

---

56 徐宗林(1991)。西洋教育史。台北:五南。頁 461-462。
   洪祥(2005)。教育哲學。台北:鼎茂。頁 134。

的培養。

5. 重視公民教育之養成，教育上應培養國民以國家、民族為重的思想觀念，個人須時時關注民族文化。

6. 主張兒童教育的場所要遠離不淨社會，並提早實施兒童的公民教育。

7. 教育要普及全民，使教育不再限於貴族子弟。

8. 男女兩性平等，男女兩性教育應相似。

(二) 教育體制的主張 [57]

1. 國民教育

⑴國民教育須由國家興辦。

⑵在國民學校裡，學生一律要住宿。

⑶兒童達入學年齡，得接受義務教育。

⑷男女合校可使青少年有機會熟悉異性朋友，在兩性相處過程中，建立良好的兩性相處模式，並學會尊重對方。

⑸為進入職場做準備。

⑹智育的安排：語言表達、計算、學習讀寫、啟發想像力、訓練思維。

⑺教師應將德育結合教學，培養出具有良好道德的學生。

---

57 趙祥麟（1995）。外國教育家評傳。台北：桂冠。

2. 學者教育

費希特進一步主張學者教育。學者分「教師」與「實用學者」兩種。前者的職責在於培養未來學者；後者的使命在利用其所學促進社會建設。

學者的性質：「學者必須拿著自己的概念，經常站在一般人的前頭，捕捉將來，然後再把它移植於現在之中，而使將來的發展為可能。」又學者「要有不必依賴他人指導的一種獨立精神和孤獨默想。」「所以他們在學校裡，必須學得這種默想的入門。因而他們可減免其他機械性的工作。」

學者教育是以國民教育的課程為標準，兩門主課：(1)古典語言（包含希臘文、拉丁文、古代歷史和地理）；(2)歐幾里德的幾何數學。

3. 大學教育

(1)費希特認為大學是最重要的人文機構，是傳遞當代最高文化，發現知識的場所，而大學教育應富有自由，能自由地追求知識。

(2)對於大學，費希特有兩個主張：其一，校舍須遠離學生的家庭環境；其二，國家應只興辦一所大學作為最高學府。

(3)在大學中，教師提供能讓學生自己研究學習的教材，教師擔任從旁輔導的角色，適時地提供學生意見與教材，培養學生具有獨立思考的能力。

(4)大學應在生活中培養道德，學生可自由安排大學生活，用理念安排的生活是高級生活、學術生活，這是結合藝術與科學而成的文化生活。

五、對後世的影響

費希特在教育思想的影響力遠不及他的哲學思想。他的哲學思想對於之後發展的哲學探討上，有許多論點深受後人學習。黑格爾、謝林（Friedrich Wilhelm Joseph von Schelling）、荷爾德林（H. Iderlin, Friedrich）三人是屬於同一時期的，他們三人致力於對康德和費希特的唯心主義哲學進行批判。尤其是黑格爾和謝林，他們從客觀的唯心論發展出唯心論哲學，讚賞費希特在統一原則上的思想觀，可以克服康德思想上二元論的觀點，發展出一元論。謝林將費希特知識學的原理運用到自己的宗教哲學中，黑格爾則贊同費希特的主、客觀宗教，以及感性世界和超感性世界的劃分論點，他們倆都深受費希特思想上的啟蒙。

費希特所提倡的國民教育對後世造成的影響，後來整個十九世紀德國初等教育的發展方向，都與費希特的國民教育主張有密切的關係，其學說也促使後來各國義務教育的發展。由於他把近代平民教育家裴斯泰洛齊的教育思想介紹給德國人，使得裴斯泰洛齊的思想、理念廣為德國教育家所仿效、學習；此外，費希特也影響了許多現今著名的教育家，諸如：福祿貝爾、赫爾巴特等人均受過其影響，費希特對教育的貢獻理應受到世人重視。

六、評論

　　費希特的知識學發揮了人主觀的能動性思想，也構成近代歐洲理性主義哲學上的發展。不論是他在知識學上的觀點，或者是宗教哲學上的觀點，當中所提出的問題，至今仍深受人們所探討，可見他的哲學思想某種程度上是具有影響力的，或許不見得人人都可以認同，但仍值得一直被討論下去。

　　其教育理念含有富國強兵的意識，而要恢復日耳曼民族的優良傳統，唯有教育始能勝任，其強調國家的利益高於一切，重視公民教育之養成；教育上所欲培養的個人，並不是一個孤立的個人，而是民族、國家中的一分子，採取團體合作討論的方式進行學習，以落實國民道德，培養國民的愛國意識，由此觀之，費希特在提倡教育革新上可說是不遺餘力。

　　費希特不論是在哲學還是教育上都有獨到的見解，對於後世的影響也極為深遠，後世學者因費希特而聲名大噪者大有人在。哲學上改進康德的二元論，結合成一元論，也就是絕對的唯心論，影響日後的黑格爾；在教育上提倡國民教育，開啟各國對義務教育的重視。

七、附錄

《敬告德意志同胞書》

　　《敬告德意志同胞書》是費希特在拿破崙席捲日耳曼地區的時候，為了鼓舞日耳曼民族士氣，冒著生命危險在法國占領軍監

視下，連續以十四個星期天，發表演說。表達對拿破崙帝國主義的反抗，鼓吹民族精神和對「祖國」的愛。後來才集結而成的一本書。每遇德國危急存亡的關頭時，這本書就會被引用來鼓舞士氣，例如：一八七五年的普法戰爭以及希特勒時代都是如此。

大意如下：

「要想復興德國，必須另闢一個全新的世界，使國家能獨立自主，當前國人不重視名譽、獨立與自由，使國家永遠沉淪在痛苦之深淵，而人民只求保全自己的性命，只顧肉體痛苦之解脫，這是人心麻木不仁的惡果。

如今舉國上下，文官貪財，武官怕死，紛紛將失敗的罪過歸咎在政府或少數人身上，這種不負責的態度實令人痛心疾首。實則國家陷入此種奴隸狀態，人人皆有責任。而拯救之道，唯有改造現行教育體制，重整舊道德，培養民族自尊心與自信心，以新教育革除醉生夢死之生活，奮發國民蓬勃之朝氣。

今日德意志國民已失去獨立自由之權利，淪為異國之奴隸，若想恢復民族地位及國家獨立，須將國家之愛送到人民手中，唯有此新教育才能力挽德國之命運。」[58]

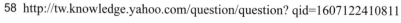

58 http://tw.knowledge.yahoo.com/question/question? qid=1607122410811

參、福祿貝爾（Friedrich Wilhelm August Fröbel，一七八二至一八五二年）

一、時代及生平[59]

福祿貝爾於一七八二年四月二十一日，生於德國著名的杜林根森林的偏僻鄉村奧伯威斯巴克。

父親是路德教派的牧師，祖父和外祖父也都是牧師。母親在一七八三年二月，由於生產後引起的急性胸部疾病，在生福祿貝爾九個月後，三十九歲時就不幸去世。因此，排行第六的福祿貝爾從小就缺乏大人的照顧，只能與大他很多的五個兄姊一起長大。

福祿貝爾的父親是位學識修養很好的牧師，負責七個教區的工作，教區的信徒大約有五千人。由於父親的活動能力很強，經常忙於外面的工作，以致無暇關心自己的家庭以及孩子的教育。因此家裡的一切瑣事與照顧幼小的福祿貝爾完全委由女傭和年長的兄姊負責。福祿貝爾就在缺乏母愛的寂寞家庭中長大。當他四歲時，父親續弦，福祿貝爾非常高興，比誰都更喜歡繼母，繼母也從內心疼愛幼小的福祿貝爾。

但是這種幸福的日子沒有維持很久，因為繼母在生下自己的

---

59 莊司雅子著，何姍誼譯（1993）。福祿貝爾：生涯與思想。台北：及幼。頁 2-4。

兒子之後，就把所有的愛轉移到新生的兒子身上，不但不關心福祿貝爾，反而把他當作外人看待。忽然之間，家族間親切溫暖的氣氛消失了，家裡又重新變成寂寞與空虛的地方。這對幼小的福祿貝爾而言，確實是很大的打擊。使他再度陷入了悲哀與痛苦深淵。因此，福祿貝爾從幼小時，就能體會孤獨的滋味。

在幼年時代所受到的心靈上的創傷，一直沒有癒合，使福祿貝爾在性格變得非常內向，經常把自己封閉在孤獨之中，更不喜歡與人交往。在孤獨中他逐漸養成集中思考的習慣。因此，他喜歡思考的哲學性格，可以說是受到這種幼小家庭生活的影響。

我們也不要忽略了培育福祿貝爾這種性格的外圍環境，也就是環繞他成長環境的那片鬱鬱蒼蒼的森林。福祿貝爾的心靈並不一味陷溺於孤獨，他和自然為友，沉浸在自然裡進行思索。正如他晚年自述所說：「很快地，大自然，亦即植物花草世界，成為我視野及理解範圍內觀察和思索的對象。」福祿貝爾從大自然中發現宇宙真理的思想根基，便是在此時悄悄奠定的。雖然，自幼無法過著溫馨的家庭生活，但福祿貝爾卻體驗到和大自然溝通的樂趣。此外，由於父親是牧師，常常聚集家人在家裡做禮拜，不僅提升家人心靈精神層次，也豐富了宗教的情操[60]。

二、教育恩物

恩物（Gifts）為福祿貝爾所獨創，就是「神恩賜兒童的玩

---

60 莊司雅子著，傅王遜雪譯（1992）。福祿貝爾「人的教育」入門。台北：新民幼教。頁 8。

具」。福祿貝爾認為自然是神賜給人類以認識神性的禮物，而其創製的恩物是根據自然界的法則、性質、形狀等，用簡易明白的物體製成，作為人類瞭解自然、認識自然，進而洞察神性。

福祿貝爾設計這套「恩物」，採用的基本圖形是圓球，其次是立方體，然後是圓柱體。「球體法則」是福祿貝爾哲學思想的中心。他認為圓球是一切外部型態中最完善的型態，是物質世界中上帝的寫照。如果上帝的創造力向所有方向自由地散開來，便會形成圓球，上帝即處在圓球的中心。因此，圓球是上帝力量最本質的表現，是萬物統一的象徵。兒童玩球，可以懂得萬物都統一於上帝，都包含有上帝的本源的道理。立方體具有三維性，同時有六個面、八個角、十二個邊，顯示了豐富多彩的幾何圖形。圓球與四邊形連結起來，變成為圓柱體。這是最基本的三種物體型態，而這些圖形可以體現出充滿上帝精神的自然型態[61]。

福祿貝爾的基本思想：上帝是自然及規律的創造者，兒童如果使用這些由圓形構成的玩具，等於模仿上帝把自然重新創造一遍，可以使自己的智力得到充分的發展。福祿貝爾出於他的唯心主義世界觀，賦予「恩物」以宗教神祕主義的象徵意義。實際上，「恩物」真正的價值，在於它發展兒童的智力和創造性。

福祿貝爾設計了如下幾種恩物[62]：

(一)第一恩物——由各種不同顏色的柔軟圓球構成。

---

61 李園會（1997）。幼兒教育之父：福祿貝爾。台北：心理。頁 49-54。

62 同註 61，頁 152-159。

球上各繫一根線，可以提著做各種動作；而透過各種不同顏色的比較，可以發展兒童辨識顏色的能力。透過擺動、落下、投擲、尋找等各種表演，並用兒童所理解的語言能力加以解釋等各種活動方式，可以訓練兒童的感官，擴大他們的經驗範圍，使他們感受到自己的生命和力量。

㈡第二恩物——由木製的圓球、立方體和圓柱組成。

與第一種恩物不同的是，立方體平面所具有的直觀形式和穩定性替代了圓球運動的多樣性。圓柱是球體和立方體兩種性質的混合，因為它豎立時是穩定的，臥倒時又是可動的。透過這種恩物，可以幫助幼兒直觀地認識物體的形狀和各種幾何圖形。

㈢隨後的四種是把立方體按不同的分割法組合而成。

例如，第三種是沿三個方向把一個立方體分成八個相同的小立方體，以使兒童獲得整體與部分的概念；第四種是把一個立方體分成八個相同的小長方體，以使兒童獲得長、寬、前十種遊戲恩物，重於導向遊戲的發現。後十種為手工恩物，又稱綜合性恩物，主要是在引導幼兒的創作與發明。幼兒藉著遊戲或做美勞的過程，啟發自我的創造力。後十種，分別是：

㈣第十一恩物：打洞——用針刺小孔於紙上。表現出各種物形，用長針（用圖釘）、刺墊、色紙。

目的：使幼兒學習手眼協調能力，以及促進小肌肉的發展。

㈤第十二恩物：縫——利用厚紙或薄板在上，縫各種物形，利用彩線（棉條）將兩個分離的東西接連起來。

目的：培養幼兒的細心與耐力，並瞭解縫的功用。

(六)第十三恩物：繪畫——利用多元素材自由作畫。

目的：讓幼兒自由發展，表現潛力，以培養幼兒的思考與創造力。

(七)第十四恩物：編織工——由有色的正方形來編織。

目的：使幼兒瞭解面的關係，學習上下、數的學習。

(八)第十五恩物：摺紙工——以色紙的摺、翻、壓的訓練。

目的：認識角、邊、對角線的關係，可以使幼兒集中注意力、數概念，學習方向和位置等訓練。

(九)第十六恩物：剪貼——剪形、分解、組合。

目的：能辨別部分和全部的關係，分辨角與邊的關係，可以培養幼兒的順序、美感與專注力。

(十)第十七恩物：豆細工——利用泡軟的各種豆子及小竹棒。

目的：學習半立體進入立體的表現，角與邊的關係。

(十一)第十八恩物：厚紙細工——利用剪、摺、黏的能力。

目的：使幼兒由角、邊、面來表現立體工。訓練調和運動、滿足求知慾與安全使用工具的概念。

(十二)第十九恩物：玩砂——普通砂、白砂、有色砂。

目的：感覺重量感與量的遊戲。

(十三)第二十恩物：黏土。

目的：綜合創造與藝術的效果，滿足幼兒的創造與遊戲的慾望。

三、自我信念 [63]

福祿貝爾在瑞士從事一年的教育工作後，發表了「一八三六年為生命的改革年」的論文，陳述他自己的教育使命。福祿貝爾認為人的本質是屬於神的，因此如何在自己的生活當中積極表現此種本質，乃是人類的使命。而如何指導人們完成其使命，並指示正確的目標就是教育。人性的尊嚴是絕對的，這種觀念始自康德，後來費希特、謝林及黑格爾等德國浪漫派哲學家們也都強調這一點。福祿貝爾不但與他們的立場相同，而且更創造了以基督教的人生觀為基礎的獨特世界觀。不過，不能因為福祿貝爾把人的本質視為是神性的，就認為他所指的人性是一種抽象的存在。福祿貝爾認為人與其他被造物不同，具有人類獨特的能力，由於有這種能力才能確定自己的存在。所謂認識自己，就是人類要提升自我，達到與神同樣最高、最完全的境界。人類具有的特殊天分在於擁有和其他被造物相同的能力外，尚能在認識自我的過程中體會出自己的存在。

一般而言，人類在認識自己最根本的本質之後，才能發現自己內在的天賦。而且人類在朝向這個目標努力時，只能依靠自我決定與自由意志，絕不是由上面的權威與強制所能做到，因此，人類的本分是達到明確認識自我的不斷努力的過程。福祿貝爾在《人的教育》（*Die Menschenerziehung*）中有如下的說明：「人類是具有知性的理性動物，因此，他的特殊本分與職責是要充分

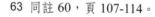

63 同註 60，頁 107-114。

意識自己的本性，也就是自己的神性，而且要非常生動、明確地去認識它，並以自我決定與自由意志將它顯現在自己的生活之中，使他成為更生動更明確的對象。」

　　人的理想狀態，係在個體的無限的生命發展過程中，多方面啟示自己，實現自己。因此每一個人必須將無限的東西，在地面上的有限生活中，努力去表現，並盡一切努力去表現與永遠的生命有關的活動。上述人的理想狀態絕不是固定不變的，而是不斷成長發展的東西，是自我發展的，永遠是活生生的東西，是由發展的這個階段進到另一階段，努力朝向無限和永遠目標的過程。

　　其次，福祿貝爾以「部分的全體」說明人與人類的關係。部分的全體若從個體本分來看是一個全體，然而卻是更高一層的全體的一部分，人是生命全體的一部分，人類的部分全體就是人。在這種狀況下，人才會是人，也是全體中的人。人是構成宇宙全體的成員，同時每一個人他本身就是一個全體，是人類的「部分的全體」。因此，每一個人從幼兒的時期就必須被認定他是具有人類本質的成員，並依照這種理念去培養他。福祿貝爾在《人的教育》中強調：「人具備有神的素質、自然的素質和人的素質，不但和神與自然的關係密切，同時也擁有統一性、單一性和多樣性的特質，因此，我們要重視人不但擁有過去與現在，也擁有未來。」福祿貝爾這種對人性的信念，創造了他獨特的世界觀，也建立了他崇高、偉大的教育理念。

四、幼教思想 [64]

福祿貝爾幼兒教育思想和古羅馬時代許多學者持同樣的觀念，都認為幼兒是最寶貴也是最可鍛鍊的，其他學者沒有想像福祿貝爾那樣為幼兒教育樹立典範，也沒有為幼兒教育奉獻自己。福祿貝爾和古羅馬學者們的幼兒教育觀念，即是中國人所謂的「幼兒是國家的棟梁，是國家未來的主人翁」。西方宗教總是認為幼兒是神聖的——不論是人性或是本質，都與上帝的創造有密切的關係。

五、幼稚園的建立 [65]

一八四〇年福祿貝爾將孤兒院正式命名為幼稚園，這是世界上第一所幼稚園。他命名的動機，是他看到裴斯泰洛齊的孩子們學習的地方，如同一個孩子們的樂園。

同年他在幼稚園內附設了幼稚教師訓練中心，訓練年輕的女孩子做幼稚園的保姆或是教師，為了幼稚園和訓練中心的經費，他到各地去募款，贊助者不甚踴躍，在他募款的途中，德國西北部一個大城——漢堡市，及其他城鎮分別設立了多所幼稚園，福祿貝爾回到仆恩時，便有一位當時著名的學者慕名前來拜訪，那位學者對教學法有高深的理論，獲得當時教育界特殊的榮譽。他樂意為福祿貝爾的教育工作獻上一份心意，那位學者的姓名，在

---

64 李德高（2001）。幼兒教育史。台北：師大書苑。頁 187-188。
65 同註 64，頁 186-187。

文獻上從未被提到。

　　一八五〇年，福祿貝爾六十九歲時，他的學校學生共有三千名，在學校裡舉辦一次慶祝活動，他自己帶著學生隊伍遊行，有鼓號樂隊奏著進行曲為前導，那個活動轟動了整個德國。一八五二年，德國教師協會商討教育的政策問題，福祿貝爾應邀參加會議，並被頒發最高教育榮譽獎。一八五二年六月二十一日，福祿貝爾與世長辭，享年七十歲。

六、教育思想[66]

　　福祿貝爾說：「教育無他，愛與榜樣而已」，愛是教育的核心，以愛為出發點，發展學生自我管理，培養學生具備基本能力，發展學生多元智能，促進學生之全人發展是教育的目標。（如圖示）：

66 國立臺灣師範大學教育研究所編著（1990）。西洋教育思想（上）。高雄：復文。

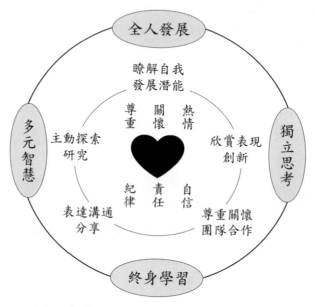

（國立臺灣師範大學教育研究所編著，1990）

（一）福祿貝爾的基本教育觀

1. 教育應強調萬物中永恆的統一性

　　教育就是人所具有的內在神性予以外在化的過程。自我活動（self-activity）才是教育的指針。所謂「內在外在化——是以「消極、依循天性」——為原則。兒童是植物，學校是花園，教師是園丁。

　　重視教兒放育的重要性。回顧早期，尤其是最早期發展階段

的價值，則教育兒童的教師都將感到有無法克服的困難。只有當
在前一階段獲得足夠的發展，才能在其後階段中帶來足夠的發
展。

2. 福祿貝爾的幼兒教育活動之一：自我活動

重視自我活動──「心靈的自我活動，乃是福祿貝爾教學的
第一法則」。開展潛在神性，只有在無拘無束的自我活動。自我
活動亦可培養獨立自由的幼童人格。自我活動也須幼童自治。智
力的自我活動，別人無需代勞。

要求兒童注意作為外部世界的自然界和作為內部世界的精神
兩方面。如其為初等教育確定的教學內容就有：宗教；認識自然
的自然常識；促進思維發展的數學；作為人與周圍環境間的媒介
物──語言。

3. 福祿貝爾的幼兒教育活動之二：遊戲

遊戲是兒童的生命，遊戲是「內在生活及活動的獨立外在表
現」，是強化力量最佳的「心靈洗滌」。自玩表現個性，共玩培
養群性。

改造是幼童把玩的目的。主張用紙、貼紙板、木棒、繩子、
小珠、環圈等，供兒童進行各種活動和作業。

4. 福祿貝爾的幼兒教育活動之三：恩物

恩物──遊戲的玩物，是上帝贈與兒童的禮物。重要的恩物

有：

球——具整體性及單一性，代表「和諧」。是兒童最先體認出「自我」及「非自我」的玩物。球是圓的，圓象徵完美與圓滿，象徵神性的統一。玩球更可促成肌肉發展、感官敏銳，注意力集中、還能瞭解許多相關觀念。

方形、菱形及立體圖形——代表「對立」，幫助兒童瞭解宇宙的多樣性及存在界的兩極性。

以恩物進行的遊戲分成三種不同形式：一是表現生活或體現建築；二是體現美或圖像；三是認識或學習。

5. 福祿貝爾的幼兒教育活動之四：手工活動

手工活動不只為謀生，而是要激發兒童內在神祕創造力，任何作品都有神意在其中。其目的不同於自然主義者或唯實論者，而是將兒童手工當成是達成上帝意旨的活動。要求兒童進行各種勞動作業，如栽培作物、初步的自我服務。亦主張建立兒童園地，供兒童種植和培育各種植物。

(二) 教育目的

福祿貝爾認為在宇宙中，處處存在一永恆法則支配著人類與萬物，此法則一方面表現在外部——自然中；一方面表現在內部——精神中；並且又表現在自然與精神結合的生活中。此永恆法則即是神。人類與萬物都根源於神。因此，宇宙中的一切，雖然外表千差萬別，但在本質上卻完全相同。神的性質表現在自身為

統一性，表現在人中為個別性，表現在自然中為多樣性。而人類的義務即是在認識人類的個別性及自然的多樣性，進而洞察神的統一性。教育的目的即是協助人類圓滿完成此任務，達到神性的生活（國立臺灣師範大學教育研究所編著，1990）。

(三) 學前教育的重點

學前教育依生長程序來說，可分為兩個階段。一是家庭教育階段，一是福祿貝爾所創的幼兒學校階段。前者的教師就是父母，家庭就是學校；而後者的教育也與前者無太多出入，只是場所不同而已。

父親、母親、子女三位一體。福氏以宗教術語「三位一體」（Trinity）來描述家庭或成員。一個家庭不管少了父親或母親都不算完整，只有三者兼具才是理想的家。孩子在此種家庭中，承襲父親的是「智慧品格」（intellectual quality），承襲母親的是「情感品質」（emotional side of his nature）二者合於一身。

1. 人生的一切包括生活與教育，都基於這個原則。父母如能體會這點，必能給孩子天性上應有的照顧與愛護，讓孩子感受安全及信賴，在三歲之前定終生的歲月裡，童年生活的幸福與否極為重要。

2. 兒童具有發展的無窮潛力，但必須磨練。不可期望兒童如大人，孩子有孩子的王國，大人有大人的世界，二者雖有連續性，卻非常完全相同。福氏追隨先賢盧梭的見解，認為兒童潛力無窮，但須經過「磨練」。福氏雖力倡人性本

善，但不是觀察入微的兒童教育工作者，承認孩子寵不得。寵壞孩子絕非兒童「本性」所該有的發展方向，且與兒童的「神祕」潛能背道而馳。

3. 勿干擾兒童的發展領域。兒童的活動空間不需要很大，只需給他一塊地盤，他就不會去侵犯大人的世界。其次，兒童基於好奇與好動，他會去探索成人，即兒童認為神奇的對象。千萬別以為孩子幼稚，有時孩子探究其中的奧祕，此舉動並非破壞，更非有意地予以損毀，大人絕對不可斥責或譴責孩子。

碰到孩子求教，要有耐心予以解答，千萬不可發出「走開！不要在這礙手礙腳！」遇到孩子要幫你忙，也不可以回答「我在趕時間，我自己做比較快！」兒童經由此打擊，就會與大人疏遠並且反應遲鈍。此外，為人父母應該記載子女生活上的一切。福氏認為即使是才剛出生的嬰孩，其行為都具有意義。

(四) 開展學說

福祿貝爾是主張「開展學說」的教育家，他認為人類的心靈具有開展為完美人格的胚種，人類是依神的形象創造出來，而神是至善至美的，因此人的本性亦含有至善至美的可能性。神之最完美的創造物為人類，在孩童的心靈中亦含有三種性質：一是自然的兒童，二是人類的兒童，三是神的兒童。而人類最初的狀態是自然的兒童，最終的狀態則是神的兒童，教育的本質即是從自然的兒童開始，經由人類的兒童，最終到達神的兒童的開展歷

程。

(五) 發展教育

福祿貝爾認為整個宇宙呈現一種有機的發展，而一切的發展都是以達到神性統一為目的，並且，人類的發展是由一階段一階段而發生，每一階段的銜接是漸進的，不是跳躍的；同時，每一階段自身是一種目的，也是一種手段。人類早期發展的階段可分為四：

1. 嬰兒期──注重感官與四肢的發展。
2. 兒童期──注重由內向外的表現。
3. 幼兒期──注重由外向內的映入。
4. 青年期──注重外現與映入。

(六) 教育課程

福祿貝爾在《人的教育》一書中，提到「學校、家庭與教學科目」時，承認教學及生活，必須使家庭與學校生活取得一致，才能達成教育目的，並進而擬定教學科目大綱，唯有將教學科目統整起來，才能夠構成課程的全部，課程內容如下[67]：

　　1. 宗教教育：這是福氏認為最重要的一部分，以發展「宗教的本能」，故主張在兒童時化必須培養宗教的情操，否則教育即失去意義和價值。

---

67 中華民國比較教育學會（1987）。學前教育比較研究。台北：臺灣書局。

2. 體育衛生：兒童時期不但鍛鍊強健體魄，同時也要傳授衛生知識，養成衛生習慣。

3. 自然科學知識：主張讓兒童從直接觀察自然現象和生活環境中，去進行自然教學的活動。

4. 詩的記誦與歌唱：教唱詩歌的目的乃在情感的陶冶和意志的訓練，亦即讓兒童經常記憶、吟唱一些有關宇宙、人生敘述的短篇詩歌，有助於人格和情操的培養。

5. 說話：在練習說話時，要使用自然觀察和生活經驗的語言直觀教學法，不採以文字為根據的說話教學。

6. 手工：藉由實際的動作喚起兒童的自動；並於自動的活動中得到發展。因此利用具體的物體，如排列積木或摺紙方法，做有系統練習，亦即從感官活動中的練習，培養守規律的習慣。

7. 圖畫與顏色辨別：為了陶冶兒童生活的規律性，福氏以為兒童期的繪畫活動須以規律加以限制。主張：在由一種橫線、直線所構成的空白圖形中，以填充、聯繫的方法做繪畫的練習。至於顏色辨別，福氏並不將它完全和圖畫混合在一起，仍然是讓兒童在空白、無色的圖形中，填入各種適當的顏色，以培養兒童的自由和調和情感。

8. 遊戲：福氏首先將遊戲列入課程之中。遊戲是一種喜悅、自由、和平的活動。無論是人以「物」做遊戲或人與「他人」做遊戲，都可養成自動、參與的生活習慣，亦可培養穩定和耐心。

9. 故事、童話、小說的敘述：兒童藉由口頭敘述的歷程，可以瞭解各方面的生活情況。並藉由人我對照，認識整體生活的意義和價值。

10. 散步和短距離的旅行：透過散步和旅行，可以縮短師生距離，發揮無形的教育力量。

11. 數與形：認識自然現象最基本的方法是從數、形入手，透過兩者之啟迪，兒童可由自然、具體的東西逐漸進入抽象的概念。

12. 文法和寫字：文法是語言的規範，而語文又是思想的符號，因此學習文法正是訓練思考的方法；至於寫字首先應由畫線條開始，依次學習字母、單字、拼法，而完成寫字教學的工作。同時，亦可列入讀的課程，且可經常將讀、寫課程合併進行。

(七) 教學原則

福祿貝爾受費希特「行動教學」的影響。他強調：遊戲、創造活動、自我表現都是自我活動的方式。他也受裴斯泰洛齊的影響，認為直觀原理是一切教學的根本，人類經由「直觀作用」而把握實體，洞察外界。前者是由內向外的表現；後者是一種由外向內的映入，福祿貝爾兩者兼具，此乃教育方法的基本原理。他的教育原則可分為四種：

1. 實物教學原則：這是「直觀原理」的應用，自然界萬物都是神性的表現，都存在神性的精神，人類經由實體的外在

表現，進而對人類精神的洞察與把握。

2. 適應自然原則：這是「發展學說」的應用，人類的發展依從一定的程序進行，每一階段都有其要求與特徵，教育必須根據此發展程序而施教。

3. 遊戲教育原則：這是「行動哲學」的應用。兒童藉由自我活動而表現其內在的本性。遊戲的價值是多重的，例如：充分遊戲的兒童可獲得身體、心靈、智慧與道德的增進。

4. 社會參與原則：這是「部分——全體原理」的應用，人是社會的動物，不能孤獨地生活。兒童瞭解自己與社會的關係後，可在團體中發展其品格，培養互助合作的精神。

七、福祿貝爾的貢獻（對後世的影響）[68]

㈠幼稚園已被公認為整個教育中不可或缺的一環。福祿貝爾是幼稚園的創始人，不僅對於幼稚教育的理論與實際均有極大的貢獻，而且對於整個教育的影響亦極為深遠。他深信兒童的生活，從幼稚時期一直向上是連續不斷的，是具有連續性的，而且他比前人特別認清了兒童世界蘊藏著有待開發的豐富資源。因此他強調：教育的實施不能將幼稚時期予以忽略。福祿貝爾一生重視幼稚教育，致力幼稚教育，其理由即在此，而其貢獻與影響亦以此為最大。

㈡遊戲的價值已成為全世界教育家所公認，並已列為學校的正規課程。福祿貝爾特別強調兒童遊戲的教育價值，認為遊戲乃是

---

68 朱敬先（2001）。幼兒教育。台北：五南。頁 54-55。

兒童自我活動的表現，除對於兒童身體的健康有關外，並具有社會、道德和教育的目的。

(三)學校的一切設施都應顧及兒童群性的發展，使其日後能有良好的社會適應。福祿貝爾看重教育的社會價值，認為人是社會的動物，因此學校應是一個雛形社會，應具有社會的功能。福祿貝爾這種觀念對於其後學校教育重視兒童群性發展的影響更為深遠。

(四)學校課程內加列手工教學。福祿貝爾提倡手工教育，企圖以手工來啟發兒童內在的創造力。他認為手工是學生人格實現的必要條件。福祿貝爾這樣的觀念，早在一八五〇年至一八六〇年時，就為許多教育家所接納，並在教育上蔚成一種有價值的潮流，如今各中小學的手工勞作教育即由此而來。

福祿貝爾是近代學前教育理論的奠基人，他創建一種在當時來說是新型的學前教育機構，並用「幼稚園」這個詞命名，被稱為幼稚園的首創者。他詳細研究學前教育理論和幼稚園的教育方法，並在教育實踐和教育理論研究的基礎上。創立完整的學前教育理論體系。在學校教育方面，也提出了不少有價值的理論和建議，他在卡依霍爾學校多年實踐和進行理論研究的基礎上，寫出主要的教育著作《人的教育》，是泛論全部兒童時期教育的理論著作。福祿貝爾反對強制性教育，重視兒童的積極活動、發展兒童的創造性、兒童遊戲以及手工製作活動和勞動教育的教育作用，都是福祿貝爾所重視的，對十九世紀後的初等教育有一定的影響。福祿貝爾的思想在各國受到廣泛的傳播，特別是十九世紀

末被美國教育家所接受後，削弱其中宗教神祕主義色彩和某些不合理的因素，形成「新福祿貝爾」主義。

肆、赫爾巴特（Johann Friedrich Herbert，一七七六至一八四一年）

一、時代與生平

赫爾巴特生於一七七六年五月四日的德境維傑爾（Wesser）河畔之奧登堡（Olderberg）。家庭背景良好，其祖父曾做過「中間學校」教師後而擔任本地文科中學的校長。父親先是律師，後來升為樞密顧問官；其母是一位具有深厚文學素養的賢婦人。

（一）幼年教育

赫爾巴特幼年時不幸跌入沸水，致身體較差。惟其母親不因此而溺愛，所以採取較嚴格的近斯巴達教育，如：穿得單薄、睡硬板床等。赫氏年幼時，奧登堡是一座未開發的城市，公校設施較差，故其母決定聘請家庭教師。其家庭教師名叫烏爾坦（H. W. Ultzen）。由於烏爾坦的哲學素養極高，其主張「教育的主要目的是培養思想的純潔、果斷與永恆」，對於赫爾巴特後來從事哲學和教育的理論思考，有著明顯的影響[69]。

---

69 賈馥茗（2003）。中西重要教育思想家。台北：空大。頁213。

(二) 求學過程

十二至十八歲進入當地拉丁語學校，學校對其評語是：「表現優異，守秩序，品德優良，對自己天賦才能已懂得力求發展和改進。[70]」畢業當年（一七九四年）發表「關於西塞洛（Cioero）與康德之最高善及其實踐哲學之原理」的畢業演說，一時聲名大噪，深受讚許[71]。畢業後在父親期盼下，進入素有「康德哲學之樓閣」之稱的耶拿（Jena）大學就讀法律。但因志不在此，且對哲學興趣濃厚，故轉攻哲學。此外跟同學組成「讀書會」，共同研討社會、哲學及文學等課題，以增加學術論辯能力。在「吾愛吾師，吾更愛真理」的激勵下，挑戰費希特，質疑「他（費希特）大部分以個人錯誤來教導我（赫氏）[72]」。但是，還是承認如果沒有費希特，他將一事無成。一七九七年在母親和友人的推薦下，到瑞士某一州長家擔任三個小孩子的家庭教師，也促使他開始專研教育學的心理學基礎。一七九九年赫氏去拜訪裴斯泰洛齊，因而友誼更加深厚，爾後發表了《裴斯泰洛齊的直觀教學ABC》一書，探討直觀教學的本質、形式和方法[73]。一八〇二年，赫爾巴特取得哥廷根大學哲學院博士學位及教授備選資格的兩項考試許可。同年十月十五日取得正式授課的教師資格，得以

---

70 葉學志（1998）。師道：赫爾巴特篇。頁 565。

71 吳宗立（1993）。台灣教育：赫爾巴特教育學說之教育倫理涵義研究。台北：台灣教育社。頁 35。

72 同註 69，頁 214。

73 趙祥麟（1995）。外國教育家評傳。台北：桂冠。頁 217。

順利踏上通達理想的康莊大道。

(三) 任教過程

一八〇五年，相繼在海德堡大學跟哥廷根大學教書。一八〇九年，轉任康爾士貝（Konigsberg）大學任教，因哲學家康德曾以擔任此講座成名，所以當赫氏受聘時，感到相當榮幸並說出感言：「我受聘擔任這最高榮譽的哲學講座是非常的快樂，小時候當我研究這偉大的哲學家（康德）時，我就像夢中祈求似地嚮往著這一所大學[74]。」在這任教的二十五年裡是赫氏學術的高峰期、也積極參加改革活動。著名著作有《心理學教科書》（*Text-Book in psychology*）、《心理學是一種科學》（*Psychology as a Science*）等等。赫氏提出希望能直接接觸學校教育的機會，覺得不應該只讓學生單單學習理論，也要進行教育實習，掌握實際經驗。因此，赫氏提出建立一種小規模的實驗學校。康德稱之為「先之以實驗學校，繼之以師範學校」[75]。

(四) 後世評論

一八四一年赫氏過世，享年六十五歲。哥廷根大學副校長曾說：「這位教師在哲學領域出類拔萃，以徹底、敏銳、演說清晰以及思想正直可靠著稱。[76]」後世尊稱赫爾巴特為「近代心理學

---

74 同註 70，頁 566。
75 同註 73，頁 219。
76 同註 73，頁 222。

之父」、「教育科學之父」。

二、哲學思想

　　赫氏少年時因家庭教師的關係，受到沃爾夫哲學思想的影響。十二歲研究形上學；十四歲寫了一篇「意志自由」的論文；十六歲開始研究康德的思想；十九歲批評著名哲學家費希特「自創自己世界」的觀點。赫氏認為學生本身不可能創造自己的世界，而要仰賴教師和環境的影響，才能形成自己的世界。

(一) 實在論者非唯心論

　　反對費希特對於心是一切東西構成基礎的說法。赫氏自稱為實在論者：「我可以假定，人們從我形而上學的主要觀點出發，可以瞭解我是個實在論者，我是在駁斥唯心主義基礎上建立實在論的。」赫氏認為認識來自於經驗，感覺是唯一能把握的本源事件[77]。也認為經驗中的時間與空間是不能任意改變的，是客觀的。赫爾巴特：「從絕對的意義來說，心靈原是一張白紙（tabula rasa），沒有任何生命或表象的形式，因此在裡面既沒有原始的觀念也沒有形成它們的素質。所有的觀念，毫無例外，都是時間和經驗的產物。」[78]也反對了康德對於空間與時間是主觀的說法。

77　同註 73，頁 226-227。
78　同註 73，頁 227。

(二) 統覺的觀念

運用了「統覺」的觀念，經驗產生的表象，吸收同化成了新表象的系列過程。後有學者稱之統覺作用為「統覺叢」[79]。也認為認識是在觀念中摹寫面前的東西，和認識是透過概念系統來表達的[80]。

(三) 形上學[81]

利用了關係法解決形上學四根本概念：內屬、變化、物質和自我。

1. 內屬：即為事物的性質不是屬於事物本身的，只是一種事物與其他事物相互間的關係。
2. 變化：即為固定的唯一性質物體間的相互關係，並非為本質。換言之，實之有變化其實是關係在變化。
3. 物質：即為實在的集合。
4. 自我：即為當一切表象只想自我時產生的觀念。

(四) 美學[82]

赫氏認為「美之同時又為真，真之同時又為美，唯有此種美

79 黃炳煌（1964）。赫爾巴特教育思想之研究。台北：嘉新水泥公司文化基金會。頁 25。
80 同註 73，頁 227。
81 同註 79，頁 38-45。
82 同註 79，頁 37-38。

始能稱之為善」，因美的判斷對象是意志而建立五種道德理念：

1. 內心自由理念——即為個人道德判斷和意志一致。
2. 「完全」之理念——即為具備以下三者：量的關係、延長性、集中性，而將兩者行為比較之。
3. 善意——即為為他人的幸福而將自身所固有之意志直接奉獻。但是如果有動機，如想獲得報酬、讚美等等，則不為善意。
4. 正義之理念——即為在他人和自我意志中求取調和；換言之，即為避免導致之爭端。
5. 公平之理念——即為某方所故意給予對方「利」或「害」的酬賞或處罰。

　　上述之五種理念分別可用在社會理念上。內心自由理念可對應到「靈化社會」。靈化社會即為人人將自覺到不為任何人且又和每個人相關的精神，視為全體的一種靈魂，而多數人類相互結合則為靈化社會；完全理念對應到文教制度之理念，文教制度即為從個人意志移轉到全體意志；善意制度對應到行政制度之理念，行政制度即為使全體大部分人獲得最大滿足和幸福為目標；正義對應到司法制度之理念，司法制度即為社會正義；公平對應到報償制度之理念，報償制度乃為賞罰分明。此美學思想乃承襲自西勒。但赫氏在當時的哲學思想只是德國哲學主流中的分流，因此影響不大。

三、教育思想

(一) 教育的目的

赫氏認為教育主要的目的是養成「德行的堅強品格」[83] 德育並非要發展某種外表的行為模式，而是要學生應用五個道德觀念：內心自由、完全、善意、正義、公平以培養明智和適宜的意願。教育學以實踐哲學和心理學為基礎，前者說明教育的目的；後者說明教育的途徑、手段與障礙[84]。赫氏認為教學為教育之重要的工具，赫氏所指的教學是廣義的，包括知識與道德等[85]。他認為倫理（ethics）決定教育的目的與方針；心理學（psychology）則指示教育的方法，教育學植基於此兩大支柱[86]。

(二) 教育的主要論點

1. 「統覺論」

赫氏認同裴斯泰洛齊的感官實物教法。認為新舊知識是互相結合的：在教學上應由淺入深、循序漸進，讓學生在學習上能有策略地學習，由感官印象進入，而產生觀念聯合的「類化」作

---

83 同註 79，頁 49。
84 同註 71，頁 37。
85 詹棟樑（1979）。赫爾巴特教育思想之研究。台北：水牛。頁 145。
86 同註 71，頁 37。

用，最後形成一個有系統的概念。赫爾巴特的類化，美國教育家孟祿（Paul Monroe）比喻為身體對食物的消化。當新的營養成分被消化而接納時，它就成為活生生組織的一部分；由於新食物的接觸，個體才得以維持其生存。統覺論也促進了技藝教育，赫氏謂：「教學枯燥無味，是種罪惡。」[87]

2. 提倡應培養多方面的興趣，且興趣是自發性非天生的

赫氏：「興趣意味著自我活動。正因興趣是多方面的，所以活動也是多方面的[88]。」興趣是心理活動的泉源，知識生活的原則[89]。興趣主要來源有兩種，一種是人與事的接觸，因此可以培養審美的能力；另一種則為人與人的接觸，可增進社會同情心。如果平衡上述兩種興趣，則赫氏稱為「平衡和諧的興趣」（Gleichswebenden Harmonischen Interessen）[90]。赫氏認為良好的教學勢必要以兒童興趣為出發點，分為自動的和強迫的兩種。因此教師的最主要的工作，是創造兒童的興趣讓他在興趣中學習。多方面的興趣則分為六類[91]：

(1)經驗的興趣（empirische interessen）── 從不同的人、事、物中直接獲取知識。例如：化學、物理、地理。

(2)思辨的興趣（speculative interessen）── 對事物更加延

87　張林森（1995）。赫爾巴特理論與技藝教育。高雄：文教。頁 19-21。
88　賈馥茗（2003）。中西重要教育思想家。台北：空大。頁 222。
89　同註 85，頁 150。
90　同註 85，頁 151。
91　同註 85，頁 152-153。

伸，從為什麼到因有興趣而去尋找原因（why），例如：文法、邏輯、數學。

(3)審美的興趣（asthetische interessen）──從自然美、道德美、藝術美中獲得和諧與適應。例如：文學、繪畫、音樂。

(4)同情的興趣（sympathetische interessen）──希望孩童有一顆仁慈和悲天憫人的心。例如：本國語和外國語。

(5)社會的興趣（spziale interessen）──為家庭的同情和學校友誼的擴展，促進社會進步，且讓社會達到更完善的境界。例如：歷史、政治、法律。

(6)宗教的興趣（religiose interessen）──因為有需要才有信仰，宗教可維持社會秩序。例如：神學。

整理如下 [92]：

認識→由感官得來…………………………經驗的興趣

　　　由認識因果關係得來………………思辨的興趣

　　　由欣賞意味得來……………………審美的興趣

同感→由和他人交往得來………………同情的興趣

　　　由參加團體生活得來……………社會的興趣

　　　由人和神之間的關係得來…………宗教的興趣

3. 實現教育目的的方法

(1)管理：一方面主張威脅、監督、命令、禁止和體罰；而另一方面則強調權威和愛。赫氏：「當責備無濟於事的時候，人們

---

92 同註 85，頁 153。

常常就採用體罰手段；事實上，試圖完全排除體罰是徒勞的，但是必須極少採用 [93]。」赫氏也主張「情感一致」的師生關係，教師有了權威與愛，兒童較容易服從。

(2)教育性教學：融合教學和教育才是真正的教學。赫氏主張「教育性教學」，認為教育性教學才是真正的教學。他認為教育與教學有同等價值，也存有不可分離的關係，兩者相輔相成。只有教育性的教學，才是完善的教學。

(3)訓育：持續的誘導，透過榜樣和交際啟發學生的興趣。赫氏：「訓育的步調完全不同，不是短促而尖銳的，而是延續的、不斷的、慢慢地深入人心的和漸漸停止的。因為訓育要使人感覺到是一種陶冶 [94]。」

4. 教學程序：分為知識教學和道德教學兩方面

知識教學分為四部分：

(1)明瞭（clarityt）──教師應簡單明瞭地給學生教學內容。

(2)聯合（association）──使新舊教材觀念互相連結、統整。

(3)系統（system）──不論新舊的觀念或經驗，學生都會重新組織成為一個新的系統。如有錯誤，教師應給予指導。使學生學習到正確的概念。

(4)方法（method）──透過學習發展，自己獲得吸取新經驗的方法。

---

93 同註 73，頁 235。
94 同註 73，頁 241。

道德教學分為四部分[95]：

(1)注意——興趣所引起的。赫氏認為道德跟情緒有關，而注意跟情緒有關係。

(2)期待——是因為有目的所以才有期待。求善、求直、求美的生活。

(3)要求——有欲望才會有要求。赫氏：「行為使意志由欲望而產生。」

(4)行為——是意志的主宰，也是欲望的實現。教學步驟統整如下：

知識教學——明瞭→顯示

聯合→結合

系統→教導

方法→思索

道德教學——注意→直觀的

期待→繼續的

要求→揚升的

行為→在真實中之調適

四、對後世的影響

赫氏的統覺作用，因強調新、舊觀念，所以後來影響了皮亞傑在認知發展中提出的「同化」和「調適」，可見赫爾巴特的心理學對後世有深遠的影響。十九世紀後，赫爾巴特的「統覺」、

95 同註 85，頁 16。

「類化」和「興趣」論，影響到歐美教育家，其理論也成為教育
改造運動的重要依據。美、英、法等國，莫不注重兒童與青少年
技藝教育的陶冶[96]。赫氏的「統覺論」促進了技藝教育。赫氏把
心理學帶入教育的領域，由於注重心理學上「長成」理論，在課
堂上重視練習、技藝和遊戲，使統覺、互相關係、社會目標和精
神教育，成為教學的主題[97]。因受赫爾巴特「統覺論」的影響，
歐美教育家視技藝課程是啟發學生內在創造力的重要科目，使各
國都注意到技藝課程的設置。赫氏的統覺論引導出：禁止學童的
不良行為是無用的。因此他勸告教師在校管理學童的最佳方式，
就是要學童時時刻刻有事做。赫氏四步驟教學法的優點是：因層
次分明，便於教育編製教案，對於啟發學生思想很有幫助，教學
進行上有條不紊。

---

96 同註 87，頁 21。
97 同註 87，頁 21。

赫、杜兩氏經驗論之哲學立場與教學觀點比較一覽表[98]

<table>
<tr><td colspan="2" rowspan="2"></td><td>相同點</td><td colspan="2">相異點</td></tr>
<tr><td></td><td>赫爾巴特</td><td>杜威</td></tr>
<tr><td colspan="2">經驗論的哲學立場</td><td>1. 重視經驗，且為其哲學的主要觀念之一。
2. 知識均來自經驗。
3. 赫氏統覺理論與杜氏經驗的連續性與交互作用，均強調人與外界環境的接觸及新舊經驗之聯合。
4. 均反對心能論及形式訓練說。
5. 兼顧個人及社會層面。</td><td>1. 經驗是依個體之感官作用而來。
2. 心靈有如空板是被動的、機械的。</td><td>1. 除感官的接觸外，強調個體與環境間施受的動態行為或關係，及個體思考、創造的能力。
2. 強調主動積極，及經驗前因後果的關聯性。</td></tr>
<tr><td rowspan="3">教學觀點</td><td>教學步驟</td><td>均注重教學的步驟。</td><td>教學步驟分知識教學與道德教學，且各為四個步驟。</td><td>列出思考的五個步驟。</td></tr>
<tr><td>教材與教法</td><td>均強調教材與教法的關聯性。</td><td>注重教材提示的方法與步驟，及其清晰性、明確性。</td><td></td></tr>
<tr><td>學習態度</td><td>均強調學生應一心無二用的學習態度。</td><td></td><td>強調學生對其學習結果應負責任。</td></tr>
</table>

（續）

98 張慶勳（2000）。現代教育：赫爾巴特與杜威的經驗論及其對國民中小學教學的啟示。高雄：師大。頁71。

		相同點	相異點	
			赫爾巴特	杜威
教學觀點	興趣教學	1. 同樣注重多方面的興趣。 2. 強調興趣是積極的。 3. 有興趣就能專心致志。 4. 強調教學中興趣的重要性。	1. 強調外鑠的興趣。 2. 興趣和對象常不融合為一。 3. 興趣的對象常不是所欲望的。 4. 興趣和意志常相對立。	1. 強調興趣是內發的，是一種穩定的興趣，而非即興的意念。 2. 興趣和其對象是融合為一的。 3. 興趣是預見的和所欲的結果。 4. 興趣和意志相關聯。
	教師與兒童	均注重師生之間的互動。	偏向教師中心。	以兒童為中心，教師為協助者、輔導者。
	知行層面	均強調知、行並重。		

五、評論

　　赫氏是一位徹底的經驗主義者，他反對心能論及形式訓練說，認為人類的知識是來自後天的經驗，以表象為心理學的基本理論，由表象而有統覺再有心靈，心靈是由經驗予以充實及建設。赫爾巴特的教育思想存在一定的侷限性。在管理方面，他主張把體罰、停課作為必要措施，表現出他沒有完全擺脫封建專制性的強迫教育觀念 [99]。赫氏將教育學奠基於倫理學與心理學的兩

大基礎上，力圖建立教育科學獨立體系之創造與努力，對教育的發展影響甚為深遠；拿托普（P. G. Natorp）讚嘆：赫爾巴特是教育家中最偉大的哲學家；同時亦為哲學家中最偉大的教育家 [100]。

伍、斯賓塞（Herbert Spencer，一八二〇至一九〇三年）

一、時代背景

　　十七世紀，英國培根（F. Bacon，一五六一至一六二六年）倡唯實主義。十八世紀，法國盧梭（J. J. Rousseau，一七一二至一七七八年）倡自然主義。唯新人文主義興起後，對於自然主義與唯實主義施以猛烈攻擊，而主張恢復古希臘時代的文化，提倡研究古希臘時代的文學、美術，使人類的身體和精神兩方面得以調和發展。斯賓塞生活在此時代，也就是英國歷史上所謂的維多利亞時代（一八一九至一九〇一年），維多利亞時代的英國社會崇尚形式的文化，偏尚古典語文的陶冶，斯賓塞稱此為裝飾性的知識 [101]。而十九世紀初葉，新人文主義教育之內容，日趨空虛，缺點畢露。此種空疏無用的文雅教育，已不能適應十九世紀前期科學昌明，而人類發明相繼出現的工商業社會的需要。此一時代，新思想為之崛起的有亞當斯密斯的《國富論》、馬爾薩斯的《人

99　同註 73，頁 235。

100　同註 71，頁 39。

101　徐宗林（1991）。西洋教育史。台北：五南。頁 528-532。

口論》。十九世紀中葉，自然科學進步，機器發明，工商業發達，如：一八○三年火車蒸汽機車、一八三七年電報、一八七六年的電話等等，這些科學知識及工藝的應用，創造了新的文化，改變了人類的生活面貌，因而促成物質的、經濟的、功利的思想抬頭，於是英國斯賓塞乃是提倡注重生活預備的實利主義教育[102]。

二、生平事蹟

　　斯賓塞是英國著名的社會學家、哲學家以及早期的社會進化論者。他出生於小康家庭，在學校教育的時間不長，除了家庭教育以外，只有一個時期唸過私立學校，因此憑著自學以及喜愛獨自思考的個性，後來他研寫出一些有關生物學、心理學、社會學以及教育學等重要著作。

　　斯賓塞是英國晚近的一位思想家。他的論著範圍很廣：有討論社會學的，有研究生物學的，有以教育問題為主的，也有以哲學思想為中心題材的；他的著作都是體系龐大的鉅著，很難精確地說出他的研究旨趣究竟以哪一科目為主[103]。

　　斯賓塞是十九世紀英國哲學家和社會學家，是功能主義心理學的先驅，是實用主義教育思想的創始人，也是一位未曾受過正規學校教育而自學成名的傳奇人物[104]，亦是社會達爾文主義理論

102 孫邦正（1977）。教育概論。台北：臺灣商務。頁 29。
103 徐宗林，斯賓塞，http://www.nioerar.edu.tw/basisl/693/a44.htm（上網日期：2005/12/29）

的倡導者，他是維多利亞時代最好辯的，也是最常被討論的思想家之一[105]。

斯賓塞年表[106]

時間	歷程
一八二〇年四月二十七日	出生於英格蘭中部的德貝（Derby），在九個孩子中排行老大，也是唯一倖存者。
一八三五年	在辛頓（Hinton）接受教育。
一八三七年至一八四一年	在鐵路公司工作，負責一些書記方面以及監工方面的工作，一直到一八四一年為止。
一八四七年	投注興趣於政治、社會、經濟、倫理。
一八五〇年	出版第一本社會學著作《社會靜力學》（Social Statics）
一八五二年	擔任《經濟人》（The Economist）雜誌副編輯。
一八九二年	寫完《綜合哲學》一系列著述中的最後一冊。
一九〇三年十二月八日	病逝，享年八十三歲。

104 張春興（2000）。心理學思想的流變：心理學名人傳。台北：東華。頁141。

105 大英百科全書公司（2004）。大英簡明百科。台北：遠流。頁94。

106 http://www.ndhu.edu.tw/~chihming/em/links/ %B4%B5%BB%AB%B6%EB.htm

斯賓塞著作

時間	著作
一八五〇	《社會靜力學》
一八五二	《進化的假說》
一八五五	《心理學原理》
一八六〇	《教育：德、智、體》
一八六二	《第一原理》
一八六四	《生物學原理》
一八七三	《社會學研究》
一八七六	《社會學原理》
一八九二	《倫理學原理》
一八六八	《教育論》
一八七〇	《群學肄言》
一八九七	《斯賓塞教育論著選》

三、哲學思想[107]

(一)斯賓塞哲學的主要概念

斯賓塞哲學有兩個主要概念，即「發展」與「進步」。「發展」概念係指人類與生物均在發展，而且是由簡單發展到複雜。「進步」的概念表示在發展之中還有另外一個層次，即生物只會發展而不會進步，人卻會進步，因為人類有歷史。斯賓塞認為：世界上人為的一切亦在「發展與進步」之中，此種發展與進步，不再是物質的，不再是經濟決定的，而是人的精神決定的，而在

---

107 鄔昆如（2005）。西洋百位哲學家。台北：三民。頁 325。

人的精神決定中，價值的批判是最主要的，我們是憑我們的價值批判去生活，而不是憑我們得到什麼樣東西去生活。

(二) 斯賓塞思想大要

1. 從生物學進化歷程解釋心理學 [108]

進化論的理念最早是由斯賓塞提出來的，而且「適者生存」（survival of the fittest）一詞也是最早由斯賓塞提出的。只是達爾文（J. Darwin）用適者生存概念解釋動物的生理特徵，而斯賓塞則用來解釋人的行為。他還認為進化也可以遺傳，上一代適應環境所獲得的能力，也可以遺傳給下一代。

2. 社會達爾文主義 [109]

斯賓塞認為：人和其他動物一樣，都是在生存競爭和適者生存的自然法則下不斷進化的。他主張理想社會應該是：對個人而言，應尊重其自由意志；對社會經濟而言，應採放任政策。如此，在自由競爭下，優勝劣敗，適者生存，最後完美的理想社會才會出現。斯賓塞此一中心思想謂之社會達爾文主義（Social Darwinism）。

---

108 同註 104，頁 142。
109 同註 104，頁 143。

3. 實用主義教育思想 [110]

斯賓塞在一八五五年發表〈什麼知識最有價值〉一文，列舉五種最有價值的知識：

(1)與生存直接有關的維生保健方面的知識。

(2)與生存間接有關的謀生方面的知識。

(3)與延續人類生命有關的生兒育女方面的知識。

(4)與群體生活有關的人際關係和公民權利義務方面的知識。

(5)與生活品質有關的休閒娛樂方面的知識。

什麼知識最有價值呢？一致的答案是科學。這是一切論證的裁決。為了直接自我生存的活動，或者生命與健康之維持，最重要的知識是科學。為了間接生存，即吾人所謂之獲得生計的活動，最有價值的知識也是科學。為了做人父母，最妥切的知識只有科學。為了對現在與過去民族生活之瞭解，據以正確地使公民的行為有所遵循，最主要的莫過於科學。藝術的完美作品，和其最高之欣賞，不論是任何一種形式，最迫切需要的準備，就是科學。其他各種訓練，舉凡智力的、道德的、宗教的、最有效的學習，又是科學。

(三) 斯賓塞的《綜合哲學》[111]

斯賓塞在《綜合哲學》中認為：自然、有機體和社會領域都

---

110 同註 104，頁 143。
111 同註 105，頁 94。

是內在聯繫的，它們的發展依據的是同樣的演化法則，與生物物種的演化相同。他認為人類社會經不斷的勞動分工而演化，從無分化的游牧部落發展到複雜的文明。故而社會文化演化是一個不斷「個性化」的過程，個體天賦的卓越將壓倒社會，而科學將壓倒宗教。

(四) 拉馬克式演化 112

斯賓塞早年對地質學感興趣，這種興趣引導他進入生物學領域，又從生物學領域投入拉馬克（Lamarck）的演化論。

拉馬克式演化（Lamarckian evolution）：給定一個特別的環境，每種動物都有一種傾向，在沒有不適應的干預條件下，使自己成為最終想要變成的模樣。這些傾向在遺傳的後天習慣中表現出來。斯賓塞不接受物種只是因為偶然變異與天擇而產生進化的觀點：直接適應受限的環境是生物變化的主要原因。進化亦包括社會在一個諸個體間的動態平衡之方向上進步：人的狀況是可以完善的，因為人的能力完全適應社會生活，它意味著邪惡和不道德終將消失。

(五) 社會有機體理論 113

社會有機體理論（Social Organismic Theory），亦稱生物有機

---

112 戴維·賈里（David Jary）、朱莉婭·賈里（Julia Jary）著，周業謙、周光淦譯（1998）。社會學辭典。台北：貓頭鷹。頁 661。

113 龍冠海（1971）。雲五社會科學大辭典：社會學。台北：臺灣商務。頁 81-82。

體學派（Biooganismic School）、生物學派有機體理論。此派主要概念係以社會為一種生活的統一體，承認它超越個人的實在性及其「自然的」起源和自動的存在。十九世紀生物學長足進步，對社會學上生物有機體理論的發展，給予強有力的刺激。社會有機體理論的開山祖斯賓塞根據生物進化歷程種種現象說明社會進化，從同質狀態到異質狀態，從簡單的社會到複雜的社會，從軍事的一致社會到工業的自由社會。他以為社會科學的目的，是要發現社會進化的階段，他並努力促使進化論成為支配社會學的一大勢力。

(六) 有機體比照論

有機體比照論（Organic Analogy）是斯賓塞最有名的一個學說，是社會有機體理論的中心理論。斯賓塞曾說：「社會是有機體」（Society is an organism），但他並不真正認定社會完全就是一個有機體，而是把社會與有機體視為極其相似之物，因此可被認為「人類社會是與有機體根本類似」（Society resembles an organism）的一種社會理論。

斯賓塞指出社會與有機體間相類似之處有[114]：

1. 有生長、生命延續及新陳代謝的現象。

2. 雙方的各部分相互依存。

3. 生長過程中，結構與功能都起分化作用而日趨於複雜。

4. 雙方的生命都比內部任何部分的生命為長。

114　同註 113，頁 82。

（七）有機體比照論遺誤 [115]

斯賓塞熱中於將社會學與生物學統一，且有時不加批判地假定：生物科學可以提供適當的概念用於社會學的研究，這使他的社會學深受其害：如果說「競爭」推動了生物的演化，那麼戰爭在社會發展中也是重要的，它推動了社會的內部結合，以及強有力和專業化的工業經濟的發展。

四、教育思想

斯賓塞是第一位分析人類生活活動內容的思想家。他使教育的內容以人類生活活動的內容為依據，奠定了課程分析的範圍與方向。他使教育的內容透過課程的形式，而與人類實際生活的活動更為接近，不至於過分隔離。他對知識價值的衡量，確認科學知識是為了實用。

教育的目的是為了實現一個完美的生活。教育之實施，本著生物的需求為其抉擇，教育自然要順應有機體個人的身心發展；這種發展，不可受外力而強予改變；對於興趣之重視，以及個人天賦能力——特別是個人的感官訓練尤為需要。斯賓塞的理想個人，乃是一個身心均衡的個體；是一個不但動作敏捷、反應迅速、思考周詳，而且體魄雄健、生存能力極強的個人。故斯賓塞的教育思想，先是肯定了一個定型的、理想化了的個人，然後期求從教育的實施上，使個人具備此項要求，教育無形中，是一種

---

115 同註 112，頁 661。

預備的階段，所以斯賓塞主張生活預備說，但生活預備說受到學者（如杜威）的批評。

(一) 生活預備說

教育目的：預備將來的完美生活。

斯賓塞認為人類生活包含五種活動，教育上若對於這五種活動做充分之準備，將來就可以過完美的生活。此五種活動為 [116]：

1. 與自我生存有直接關係的活動——即身體的保健。
2. 與自我生存有間接關係的活動——即謀生的職業。
3. 關於繁殖種族的活動——即做父母的準備。
4. 關於維持社會關係和政治關係的活動——即公民的道德活動。
5. 關於利用休閒時間和滿足趣味的活動——即休閒和娛樂。

(二) 生活預備說優缺點 [117]

優點：在於能夠顧及人類生活的各方面，使教育成為有系統的設施，不至於只順從兒童的目前興趣，而支離割裂盲目地去應付。

缺點：預備說只著眼將來的社會需要，而不注意兒童現在的生長和發展，為不妥當之處。是以杜威反對此說，而提出「教育即生活」（Education is life）的主張。

---

116 同註 102，頁 30。
117 同註 102，頁 30。

（三）杜威的批判

杜威認為若將教育目的放在生活預備的概念上，必然會產生三種惡果 [118]：

1. 容易喪失現有的動機，不知道利用現有的動機。由於生活預備說要我們丟開現有的需要，而預備遙遠的將來生活，因此，往往喪失了現有的動機，反而用不自然的方法去引起兒童學習的動機。

2. 容易使兒童養成懶惰和因循延宕的習慣。同時兒童因目前生活中有許多引起他注意的事物和機會，於是就從事這些有趣的工作，而把預備將來的工作予以延擱。

3. 容易忽略兒童的個性。由於教育目的即在準備將來的社會生活，因此，兒童在學校中受教育，無非是要達到成人所預定的標準，並不能夠依照自己的才能和興趣去發展。

斯賓塞認為學習的第一原則，是從簡單至於複雜。他說：「像其他事物一樣，心靈的成長是從相似到相異。」心靈是一種成長的過程，而「由簡至繁」是一種進化的原則，學習的歷程就應該配合這種成長的過程而進化。兒童學習種種概念，完全是從簡單而至複雜，知識的獲得也是順著這種歷程而發展。兒童熟稔於具體事物，從具體事物的觀察、比較、分析以及綜合的理解，才能得到具體事實的抽象規則。

快樂主義的教學原則也是斯賓塞所提倡的。他認為學習活動

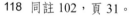

118 同註 102，頁 31。

在兒童階段應顧及到學習的結果是否能使兒童滿足期望，獲得樂趣，切忌在學習活動之中有使兒童遭受痛苦之處。

斯賓塞特別注意自我教導與學習的原則，摒棄傳統的教育方式，而以自我觀察、自我教育及訓練以及「智慧方面的同情讚慰」（Intellectual sympathy），作為其教育的主要方式。一個人不能永遠跟從教師在一起學習，所以教育必須使個人有能力不依賴他人而獲得知識。

兒童在成長過程中，從無知發展至於有知。其所受好奇心的驅使，對事物認知之後有所滿足的心理感受，以及偶有領悟而獲得讚賞鼓勵，都是促成其對外界探討知識的力量。

兒童的智慧發展，不但需要成人的耐心指點、熱忱糾正、誠意指示以及公正的評判，尤其需要成人寄予同情讚慰，以富於耐心及容忍的態度，對待兒童煩瑣的、接二連三層出不窮的發問，解決疑惑，滿足其求知欲望。教師在人格的特質上，必須具備這種「智慧方面的同情讚慰」的條件，才能有助於兒童智慧的成長。

五、對後世影響 [119]

斯賓塞可以說是近代西洋積極提倡科學價值，冀求人類生活改變，以實現其完滿生活的思想家；也是希冀從根本上來改變學校教材價值觀念的教育家之一。

美國功能學派創始人之一的哈佛大學教授詹姆士（W. Ja-

119　同註 104，頁 143。

mes），在一八七六年首次開授心理學課程時所採用的教科書，就是斯賓塞在一八五五年出版的《心理學原理》（*The principle of psychology*）。

斯賓塞的哲學和教育上的理論，直接影響了往後實證主義的發展。斯賓塞的理論對於後世的影響，尤其在科學之教育內容的比重上，更是影響深遠。

參考書目

1. 大英簡明百科公司（2004）。大英簡明百科。台北：遠流。
2. 中華書局編輯部（1970）。西洋教育史。台北：中華。
3. 王怡靜（2000）。赫爾巴特教育思想之探究及其對我國國小道德教育之啟示。教育研究（高師），第八期。
4. 朱敬先（2001）。幼兒教育。台北：五南。
5. 吳式穎（1999）。外國教育史教程。北京：人民教育。
6. 吳宗立（1993）。台灣教育：赫爾巴特教育學說之教育倫理涵義研究。
7. 李園會（1997）。幼兒教育之父：福祿貝爾。台北：心理。
8. 李德高（2001）。幼兒教育史。台北：師大書苑。
9. 周虹（1996）。中外教育史。台北：保成。
10. 林玉体（1998）。西洋教育史。台北：文景。
11. 林玉体（1999）。西洋教育史。台北：師大。
12. 林玉体（2002）。西洋教育思想史。台北：三民。

13. 林政財（1996）。中外教育史‧教育哲學系統整理。台北：千華。

14. 威柏爾（Weber, Alfred）、柏雷（R. B. Perry）著（1994）。西洋哲學史。台北：水牛。

15. 洪祥（2005）。中西教育史。台北：鼎茂。

16. 洪祥（2007）。教育哲學。台北：鼎茂。

17. 洪耀勳（1983）。西洋哲學史。台北：文化大學。

18. 皇志道（1983）。西洋教育通史。東京：玉川大學。

19. 孫邦正（1997）。教育概論。台北：臺灣商務。

20. 徐宗林（1991）。西洋教育史。台北：五南。

21. 徐宗林（1998）。西洋教育思想史。台北：文景。

22. 康納爾（W. F. Connell）著；孟湘砥、胡若愚譯（1993）。近代教育史。台北：五南。

23. 張林森（1995）。赫爾巴特理論與技藝教育。高雄：文教。

24. 張春興（2000）。心理學思想的流變：心理學名人傳。台北：東華。

25. 張欽盛（1986）。歐洲教育發展史。台北：金鼎。

26. 張慶勳（2000）。現代教育：赫爾巴特與杜威的經驗論及其對國民中小學教學的啟示。高雄：師大。

27. 莊司雅子著，何齮誼譯（1993）。福祿貝爾：生涯與思想。台北：及幼。

28. 莊司雅子著，傅王遜雪（1992）。福祿貝爾「人的教育」入門。台北：新民。

29. 陳啟榮（2002）。教育研究：赫爾巴特的思想及其在教育上的影響。高雄：師大。

30. 黃炳煌（1964）。赫爾巴特教育思想之研究。台北：嘉新水泥公司文化基金會。

31. 黃淑霞、陳月英、何景行（2000）。幼兒教保概論。台北：啟英。

32. 黃雋（2005）。中外教育史。高雄：復文。

33. 葉學志（1998）。師道：赫爾巴特篇。

34. 詹棟樑（1979）。赫爾巴特教育思想之研究。台北：水牛。

35. 賈馥茗（2003）。中西重要教育思想家。台北：空大。

36. 鄔昆如（2005）。西洋百位哲學家。台北：三民。

37. 趙祥麟（1995）。外國教育家評傳。台北：桂冠。

38. 賴賢宗（1998）。康德、費希特和青年黑格爾論倫理神學。台北：桂冠。

39. 龍冠海（1971）。雲五社會科學大辭典：社會學。台北：臺灣商務。

40. 戴維·賈里（David Jary）、朱莉婭·賈里（Julia Jary）著，周業謙、周光淦譯（1998）。社會學辭典。台北：貓頭鷹。

41. 羅勃·烏里其（Ulish, Robert）著，徐宗林譯（1973）。西洋三千年教育文獻精華。台北：幼獅。

參考網址

1. 劉焜輝，裴斯泰洛齊。http://w2.nioerar.edu.tw

2. 林念穎，裴斯泰洛齊的學前教育思想。http://web.thu.edu.tw

3. 高義展。裴斯泰洛齊教育思潮對幼兒教育的啟示。http://www.growth.com.tw

4. 摘於網路資料：

http://translate.google.com/translate? hl=zh-TW&sl=zh-CN&u=http：//philosophy.cass.cn/facu/xiediknu/lunwen/05.htm&sa=X&oi=translate&resnum=5&ct=result&prev=/search % 3Fq % 3D % 25E8% 25B2% 25BB % 25E5% 25B8% 258C % 25E7% 2589% 25B9% 26complete % 3D1% 26hl % 3Dzh-TW % 26rlz % 3D1T4GGIH_zh-TWTW255TW255 載於《西方哲學名著提要》，江西人民出版社，二〇〇二年。

http://translate.google.com/translate? hl=zh-TW&sl=zh-CN&u=http：//philosophy.cass.cn/facu/xiediknu/lunwen/06.htm&sa=X&oi=translate&resnum=6&ct=result&prev=/search % 3Fq % 3D % 25E8% 25B2% 25BB % 25E5% 25B8% 258C % 25E7% 2589% 25B9% 26complete % 3D1% 26hl % 3Dzh-TW % 26rlz % 3D1T4GGIH_zh-TWTW255TW255載於《雲南大學學報》二〇〇二年第一期，謝地坤著。

維基百科搜尋－費希特 http://zh.wikipedia.org/wiki/%E8%B4%B9%E5%8%8C%E7%89%B9

5. 徐宗林（2005 ）。斯賓塞。http://www.nioerar.edu.tw/basis-1/693/a44.htm（上網日期：2005/12/29）

6. http://www.ndhu.edu.tw/~chihming/em/links/ % B4% B5% BB %

AB%B6%EB.htm

www.coop-edu.com.hk/Shengben/Doc/2006/060526.pdf

Chapter 10

二十世紀的教育

❦ 第 一 節 ❦
二十世紀歐西的教育發展

壹、時代背景[1]

　　二十世紀在物質上有極大的進步，若與前人生活方式相比較，深信我們生活得很好，這並非毫無根據的。

　　二十世紀，已擺脫十九世紀馬車的時代，正式進入現代化汽車、飛機的時代。因許多科學實驗家的貢獻，無論是實際應用方面，或是抽象理論方面，都有相當大的成就。二十世紀可說是機器和科學的時代。

　　由於科學技術快速的前進，不僅更能控制疾病，保障了社會的安全；在減少貧困方面，也有了長足的進步。

　　從十九世紀嚴格的不平等階級制度，到了二十世紀已明顯減弱，有些國家，如蘇俄等，這種制度已完全改變了。

　　二十世紀吾人目睹了比過去更大的言論、出版、行動、思想的自由，宗教戰爭也逐漸減少。

　　在教育領域內也有很大的進展，教育的範圍更加寬廣，同時在課程方面也更多樣化。文盲減少了，人們的知識水準也提高

1　梅爾（Adolph E. Meyer）著，李復新、馬小梅譯（2000）。當代教育發展史。頁 3-4。

了。

　　惟現代科技文明突飛猛進，人類生活因而產生劇烈的變動。科技文明的卓越成就，雖然給人類帶來新文明，卻也給人類帶來新問題。今日人類享受到科技帶來的豐裕物質生活；卻也遭遇到由此而生的精神生活之困境。是以新世紀的人類必須建立新的價值觀與人生態度，來挽救人類在精神上的孤寂感、疏離感與虛無感；及改進現代社會的功利化、機械化、形式化的弊病。

貳、二十世紀各國教育之發展

一、英國

(一) 背景 [2]

　　二十世紀初期，帝國主義思想在歐洲各國十分盛行，各國在軍事力量、殖民地競爭、領土擴張中互相對峙，國際危機叢生，終於在一九一四年爆發第一次世界大戰。戰後由強權國家控制，但國際間緊張局勢仍未減緩。一九三〇年代的全球性經濟恐慌，民心更加不安，政局動盪。

　　法西斯主義在德國宣傳狹義的民族主義，獲得民眾盲目的支持，以合理化對內集權、對外侵略的政策，在一九三九年終於爆發第二次世界大戰。戰後法西斯主義徹底消滅。而英、法、荷等

2　同註1，頁135。

海外殖民地也一一獲得獨立。

(二) 教育發展

二十世紀教育上最著名的法案及報告書[3]：

1. 鮑爾福法案（Education Act or Balfour Act，一九○二年）

一九○二年，通過鮑爾福法案對英國近代教育影響很大。地方成立教育行政機關，負責設立小學及監督學校教學，以後地方政府設學日多，也逐漸設立中學及中等職業學校，此類學校通稱「郡立學校」（county schools）。之後將文法中學收歸地方辦理或給予補助，並成立師範專科學校，以訓練中小學師資[4]。

2. 費休法案（The Fisher Act）

為適應第一次世界大戰後的變遷，一九一八年，英國政府通過了費休法案，規定小學教育完全免費，並提高義務教育年齡到十四歲，地方政府還可視實際情形再延長一年，增加中學的免費學額及實施獎學金制度外，此一法案授權地方教育當局，設立高級學校（senior school）或中央學校（central school），使未能接受中等學校的優秀學生就讀，還專為十四歲至十八歲已離校的男女青年，設立補習學校，每週受強迫教育兩個半天，雇主仍照付工資，費休法案廢止了十四歲以前的童工辦法，學校中的醫護照

3　張欽盛（1986）。歐洲教育發達史。台北：金鼎。頁 155-157。
4　黃中（1988）。中等教育。台北：五南。頁 73。

顧延長到中等學校，經過地方教育委員會的許可，地方當局有權
資助或維持露營地、健身房、運動場、露天學校、花園、浴室和
游泳池等，這類學校雖仍屬於初等教育範疇，但程度已類似中學
的初年級[5]。

3. 巴特勒法案（Butler Education Act）

一九四四年，通過的「巴特勒法案」，在前一年首相邱吉爾
（Winston Churchill）的一次演說中已經透露。其輪廓見於一九四
三年政府發表的白皮書：

(1)逐漸減少初等學校班級的人數。

(2)採行嶄新而公平的辦法，已決定兒童完成小學階段後，應
　　入何種中學。

(3)改革中等學校課程。

(4)擴大青年服務。

(5)改進便利貧窮青年升入大學的措施。

(6)改善現行甄選和訓練教師方法。

這次的教育法案，除延長強迫教育到十五歲，最後可達十六
歲外，對於中等教育，改進最大。在「每一兒童都應有機會接受
最適合他的教育」前提下，免費的中等教育分三種形式：

(1)文法中學（Grammar School）。

(2)現代中學（Modern School）。

5　同註4，頁73-74頁。
　　謝文全（2000）。中等教育：理論與實際。台北：五南。頁303。

(3)技術中學（Technical School）。

原來的「公學」，由地方教育當局資助，任何有能力的學生，均可進入，不論其父母的財產和社會地位如何。

中等學校的另一形式，就是第二次世界大戰後，仿效美國的「綜合中學」（Comprehensive School）。這種中學，可說是綜合文法、現代、技術中學之長於一校，集合民主時代的要求，所以後來居上，發展甚為迅速，已成為英國中等學校的主流[6]。

4. 報告書——青年期的教育、斯賓士報告書

哈多爵士（Sir Henry Hadow），於一九二四年受命研究報告中等教育的改進工作，一九二六年提出報告「青年期的教育」（The Education of The Adolescnt），是重要而有影響力的文件[7]。

斯賓士中等教育報告書（Spens Report），於一九三八年發表，建議設立與傳統文法中學性質不同的技術中學（Secondary Technical School），並主張文法、技術及現代中學應各有其特定的使命[8]。

5. 一九五九年克羅色報告書（The Crowther Report）[9]

(1)設立背景

根據「一九四四年教育法」的規定，所有的兒童都可以接

6　同註1，頁74-75。
7　同註1，頁75。
8　同註5，頁304。

受直到十五歲（或十六歲）的中等教育。在一九四七年四月，學生的離校年齡已由十四歲提高至十五歲。然而，在一九五六年，所有的十五至十八歲的青少年中，仍有超過一半的男生和高達三分之二的女生沒有接受任何的教育。而十五至十八歲的階段，不僅決定青少年往後一生的發展，也影響國家的長期經濟利益。

中等教育係建立在甄選系統上，學生循此進入文法中學或現代中學。這個甄選系統的正當性，是依據如下假設：學生可以被評估來找出最適合他們教育需求的學校。但實情是，這個系統混亂且常常不公正，而不是符合能力或需求的程序。像是文法中學特別強調學生要參加公立考試，而現代中學則很少提供學生去考取資格的機會，也不鼓勵學生在離校年齡之後繼續升學。

(2)成果及影響

該報告書有關中小學教育部分的主要建議有：

①學生的教育成就跟其他家庭背景，即家長的社會地位和教育態度有正相關。

②不應該為了少數參加校外考試的中學學生，而忽略大多數現代中學學生的教育需求。

③應該建立更多大部分學生所需要的技術中學和綜合中學；技術中學應增加第六學級，使學生如有需要可以轉

9　李奉儒（2001）。英國教育：政策與制度。嘉義：濤石文化。頁15-16頁。

校（綜合中學則等到一九七八年工黨執政後才大量出現）。

④文法中學的第六學級（The Sixth Form）應與大學取得聯繫，針對幾個學科（如英文和美學）做深入、仔細的研究，而不要太早放棄；師生間在生活及學術研究上要能保持密切關係。

⑤可以在普通教育證書之下增設另一類考試。隨後教育部長指派一工作小組進行規劃，並在一九六〇年提出實施辦法，但直到一九六五年才首次實施新增的中等教育證書考試（CSE）。

⑥將學生離校年齡提高至十六歲，或對十六及十七歲青年實施強制性的部分時間擴充教育（further education）（提高離校年齡的建議直到一九七二年通過教育法規後才得以實現，因為沒有任何執政黨認為其具有急迫的優先性）。

6. 一九六三年紐森報告書（The Newsom Report）[10]

(1)設立背景

克羅色報告書只注意到義務教育後那些能力較強的學生之教育問題，官方的注意力仍轉移到一般程度或更低的學生，及他們所接受的教育上面。他們大多接受較為不利的教育，包括過度擁擠與不適的學校建築、距離學校很遠的

---

10 同註 1，頁 189-195。

遊戲空間、教師的過度流動、且家庭作業較少受到要求，以及較為傳統的課程。

(2)目標功能

研究十三至十六歲中一般程度和更低程度學生之教育問題，以及他們將在學校或擴充教育機構接受教育的相關問題。

(3)成果及影響

報告書的基本立場是贊成中學的三分制，相信不同層次的自然能力可由不同種類的學校來發展。但是，委員會不認同較低程度的學生之學校建築、教學品質或其他方面就可以特別不好。

以「我們未來之一半」（Half Our Future）為名提出十六項建議，主要是關於學校課程（含宗教教學及性行為的指導）的安排、教學法的實驗與發展、未來職業的準備以及學校跟擴充教育、成人教育等機構的聯繫。之所以稱較低程度的學生為「我們未來之一半」，是因為這些所謂的「紐森兒童」占了全部中學學生的一半，也將是未來社會成員的一半。

報告書再次強烈支持克羅色報告書的建議，主張從一九六九年開始提高學生的離校年齡。當時的教育部長（Edward Boyle）立即採納其建議，於一九六四年一月在國會下議院宣布一九七〇年九月進入中等學校的學生，延長一年的義務教育，即至十六歲才離校（然而，由於一九六七年的經

濟危機及公共預算的縮減，最終是在一九七二年才實現，這也是今年英國義務教育的年限。英國義務教育的年齡始自一八八〇年的十歲、一八九三年的十一歲、一八九九年的十二歲、一九二三年的十四歲以及至一九四七年的十五歲）。

7. 一九六七年卜勞頓報告書（The Plowdon Report）[11]

(1)設立背景

克羅色報告書和紐森報告書都提及家庭狀況、家長態度及環境因素對兒童教育的影響，但他們都沒有處理這些問題。

此外，有關初等教育的調查，是由哈多爵士在一九三一年及一九三三年所進行的，其哲學建立在「聰明與善良家長所需求的教育」以及教育機會均等的理念上，但經三十餘年並未有多大進展。

最後，自一九四四年教育法以來，政府的報告書都集中在中等教育和擴充教育上，以致吸收了政府的主要預算、時間和關心，而初等教育則大受忽略。

(2)目標功能：研究英格蘭初等教育的所有問題及其與中等教育之聯繫。

(3)成果及影響

報告書以「兒童及其初等學校」（Children and Their Pri-

---

11 同註 10。

mary Schools）為名，深深影響了教育專業人員和家長對於初等教育的觀點，也導引之後多項政府調查委員會的探討方向。其建議事項甚多，主要有：

①優先協助貧困地區或所謂的教育優先地區（EPAE）（教育與科學大臣同意進行五項對教育優先地區的行動研究）。其主張影響深遠，除英國外，也為各國所採納。雖然政府已投入天文數字的經費在教育優先地區，例如：教育與科學大臣在同年八月特撥款一億六千萬英鎊；但據統計調查顯示，在報告書發表的十年後，仍有20%的學生還在一九〇三年前的教室上課。

②家長的教育態度遠比家長的教育程度或職業地位、家庭的物質環境以及學校本身等，更能影響學生的教育成就。所以，要增進家長對學校及其子女教育的關心與參與。這項建議最受廣大歡迎，也有長久的影響。如一九七七年的綠皮書《學校中的教育》（*Education in Schools*），特別強調家長的參與。之後，各種政府調查委員會也加進家長代表，以陳述家長的觀點。一九八〇年教育法更賦予家長合法的權利，乃至一九八八年教育改革法中，家長參與學校及其子女教育的各項權力達到最高峰。

③增設保育學校。但因經濟危機之故，至一九七三年才開始。

④改善教師的態度、理解及知識，主張使用進步主義的、

兒童中心的發現式教學法。本建議實質地影響英國初等
教育的教學方法和活動，直到今日。

⑤明令禁止體罰。這要一直等到一九八七年，所有公立學
校才禁止體罰。

8. 一九六八年公學委員會第一號報告書 [12]

(1)設立背景

自二十世紀以來，接受教育已被視為個人的基本權利，而
不是特權。然而，公學的存在使得英國教育民主化的理想
未能完全實現。英國此時由工黨執政，所以特別針對公學
中寄宿學校之未來加以研究。

(2)目標功能：目標在於「整合公學於國家教育體系中」。

(3)成果及影響：本報告書的主要建議有：

①可以保留公學，但要求其提供更多的教育機會給來自中
央贊助學校的學生，及需要接受寄宿教育的學生，政府
並得補助這些學生的教育經費。這類公學最好以自願方
式，否則將採法定程序。

②推動綜合中學的設立，希望以教育的力量促進社會流
動，以形成更平等的社會。影響所及，多尼森（Donni-
son）一九七〇年的公學委員會第二號報告書，針對公學
中的獨立學校和直接補助學校，要求他們在一九七五年
之前決定放棄政府補助，或改組為綜合中學。

---

12 同註 10。

9. 一九七六教育大辯論（The Great Debate）[13]

(1)設立背景

由於初等及中等教育學生的程度低落，以及其他的學校教育問題，如綜合中學推動的兩極化（工黨大力支持，保守黨則是反對）等，致使教育受到愈來愈多的批評。家長及教育專家要求能充分參與教育政策的制定。

一九七六年工黨卡拉恩（James Callaghan）擔任首相，其本人與政府特別關心教育，為此，教育與科學部為他準備一份備忘錄，是為教育黃皮書《英格蘭的學校教育：問題與提議》（*School Education in England: Problems and initiatives-Yellow book*）。然而，黃皮書的內容卻招致不少批評。因此，卡拉恩乃在同年於牛津的拉斯金（Ruskin）學院發表演說，表明中央政府對於教育的觀點與意見，並主張教育問題應公諸大眾共同討論，而帶動熱烈的教育大辯論。

(2)目標功能：提出須加以研究的學校課程和教學品質與評估等議題，以引導大眾重新界定教育目標、建立新的教育共識。

(3)成果及影響

教育大辯論當時對全國課程標準之提倡，期以挽救教育水準不再低落的呼籲，實是開放「一九八八年教育改革法」

---

13 同註 10。

中設立國定課程的契機。之後，教育與科學部及皇家督學針對教育標準及課程內容出版了大量的教育綠皮書、白皮書、紅皮書及其他報告書等。

10.一九八八年教育改革法（Education Reform Act 一九八八）[14]

上述的教育法，其影響了英國中小學教育發展、教育制度、教育內容及改革方向，最後經過教育大辯論及之後的各項教育法，英國終於達到本世紀教育改革的巔峰，「一九八八年教育改革法」的頒布實行，此教育法是繼「一九四四年教育法」後，英國教育的最激烈變革。

(1)設立背景

英國政府視教育為社會與經濟發展的重要環節，因而積極介入教育領域。尤其從七〇年代以來，英國的經濟逐漸走下坡，失業人口遽增，更加強英國政府改革教育的決心。

(2)成果及影響

英國一九八八年教育改革法共包含二百三十八條款，大致可分為三部分：

①第一部分：著重於中小學方面，內容包含課程、開放入學名額、財政與人事、中央補助學校以及其他五章。

②第二部分：著重於高等教育及繼續教育方面，內容包含地方教育當局在高等級繼續教育的功能、高等及繼續教育的撥款與重組、財政與管理以及其他四章。

---

14 同註 10。

③第三部分：著重內倫敦教育局的廢除。

一九八八年教育改革法多項措施身受自由市場原則影響，如開放入學名額限制、設立都市技術學院等均使父母有更多權利，選擇適合其子女之學校，而父母對地方教育當局強施於學校之措施不滿時，即可申請學校脫離地方教育當局之控制，改由國家補助等。此法案企圖去建立教育市場，利用市場的差異化原則取代原本追求的公平原則。而保守黨的政策也利用市場的機能，如選擇、競爭、多樣化、經營績效和私有化來達成教育市場化。

(3)結論

英國教育改革過程中往往面臨自由與公平兩難兼顧的窘境。遠則如公學與綜合中學的爭執；近則有擴大家長自由選擇權的一九八八年教育改革法，家長參與學校及其子女教育的各項權力達到最高峰，但也造成教育隔離與社會不公；因此，「自由」與「公平」兩者如何兼顧，有待關心與推動教育改革者深思。

(三) 教育行政制度 [15]

英國採取均權的教育行政制度，中央及地方各有其應負責的教育事權，兩者形成一種協調合作型態的關係。

---

15 同註 3，頁 158。

1. 中央

　(1)於一九六四年起設有教育科學部，長官為教育科學國務大臣，雖然掌有教育政策之決定權，但仍需要保障地方教育行政機關的自治權。

　(2)主要職責是規定學校建築最低標準、教師資格及分配、給予研究經費等。

　(3)教育科學部本身並不設立學校，亦不負責教師的任用。

2. 地方教育行政機關

　(1)郡及邵邑會議是主要的地方教育行政機關，負責教育視導、控制教育經費、任命教育委員會委員。

　(2)教育委員會任命教育局長，教育局長為地方教育行政機關的執行長官。

(四) 英國學制

1. 學前教育 [16]

　　通稱保育教育，性質自由不受政府干預。保育教育並無正式課程。在教育實施上，重視幼兒健康、服務習慣、官能訓練、說話練習等。並不屬於義務教育範圍。

16　王家通（2003）。各國教育制度。台北：師大書苑。頁 309-311。

2. 小學教育 [17]

從一九七二年義務教育延長為十一年。英國小學即富實驗及革新精神，是學制中最令人稱道的。

(1)前階段以五至七歲為主要對象，稱為「幼兒學校」。

(2)初級學校則以七至十一歲的學童為主。

(3)公立小學的目的是形成和強化兒童性格，發展兒童智力，並且透過學習活動，盡可能協調兒童適性發展，以使他們在行動以及思想上，都能適應生活的要求，強調的是身體、心智和精神的全面和諧發展。

3. 中等教育

(1)公學

①英國最古老及最負盛名的中等學校是所謂的公學。公學強調普通教育和博雅教育。強烈抵制職業教育的準備。

②公學的保守性，不可避免地受到變化的社會和經濟潮流影響。特別是在二十世紀中，公學已對愈來愈多的各種現代語言讓步，對英語、歷史、科學、數學讓步。許多現代學科逐漸加入公學課程 [18]。

(2)文法中學 [19]

---

17 同註 16。
18 同註 1，頁 189-195。
19 同註 1，頁 189-195。

①文法中學實施就近招生，而不像寄宿學校從英國各地招生。因為與地方充分聯繫，文法學校在某種程度上更適合社會變遷。

②其對課程現代化的反應比公學早一些，其一直強調博雅教育，而這種教育在英國受到高度推崇。

③在學校組織方面，文法學校和公學沒有太大差別，兒童獲准進入文法學校的方式與其他中等學校相同。

④學生通常在十二歲左右由小學進入文法學校，但是大多數學生在通過學校證書考試後離開學校，通常是在十六歲，那些繼續學業的學生則到十八歲離校。

(3)郡立學校 [20]

①郡立學校是由地方政府轄下的地方教育當局所提供和維持的。在這種意義上，郡立學校是由公共機構開辦，是公立學校，雖然也有收費，但卻是比較低廉的。

②郡立學校和英國其他類型的中等學校一樣，把重點放在普通教育上。

③從傳統上來說，其對古典學科的迷戀比那些較古老的學校少，所以總體上來說，更容易接受現代學科。

4. 擴充教育 [21]

(1)為已過義務教育年限之青年，舉辦全時或部分時間的教

---

20 同註 1，頁 189-195。
21 同註 3，頁 159-160。

育，包括中學以上的補習教育、職業教育、成人教育、青
年服務教育等。

(2)這些教育都在國立專科學校、高等技術學院或區立專科學
校等機構實施。

(3)擴充教育是由教育科學部制定有關政策，並負擔 55%的經
費。

5. 高等教育 [22]

(1)一九八四年英國計有四十所大學，其中包含一所空中大
學。

(2)大學均為私立，接受大學補助委員會的經費補助，依然維
持自主。

(3)政府雖然不加以控制，但教師薪水均維持一致，且有校外
考試制度，以維持各校水準。

二、法國

(一) 背景 [23]

自從第一次世界大戰以來，法國人對自己國家的教育就感到
不滿。第二次世界大戰結束後，新教育運動及技術教育的發展逐
漸受到關注。

---

22 同註 3，頁 159-160。
23 詹棟樑（1995）。現代教育思潮。台北：五南。L7。

人們譴責長期以來學校與生活脫節，主張建立主動而又生機蓬勃的學校，能有規律地傳授規定的知識。

也就是說，傳授扎實的和高水準的普通文化以及科學和合理的觀念。認為學校應該是培養公民道德的場所，以及共和思想和民族精神的中心。

(二) 教育理念[24]

第二次世界大戰結束以來，新教育（education nouvelle）的觀念在法國出現。

1. 新教育的定義

又可稱為新教育學，因為法國的教育思潮一向以新著稱，想突破舊有的教育的窠臼。

2. 新教育的基本思想

強調兒童時期是個性形成的關鍵階段，而且兒童與成人是有區別的。

→法國特別重視兒童教育，因為兒童是受教育的最大多數。

3. 新教育的基本原則

想用有關兒童的科學知識來闡明兒童教育的實施，也就是對兒童有更深入的瞭解，能建立兒童教育學的理論。並甚至想把兒

---

24 同註 23。

童心理學當作教育學的基礎，即從兒童心理學的觀點去瞭解兒童的教育方法。因此，新教育就是兒童教育的翻新。

4. 影響新教育的因素

(1)重視兒童教育是因為深受盧梭影響。然後再透過遺傳心理學方面所做的努力，對兒童進行瞭解。

(2)皮亞傑和瓦隆（Henri Wallon）有關兒童心理學的著作，對新教育也發生了很大的影響。

(3)透過佛洛伊德（Sigmund Freud）有關兒童和個性的學說的影響，使新教育的學說能夠鞏固和加強。

(三) 教育改革 [25]

1. 在教育的總政策上與八〇年代保持了一定的連續性

(1)九〇年代法國政權發生了重大更迭。

→一九九五年五月，連續執政十四年（其間有二次「左右共治」）的法國社會黨在總統大選中敗北，法國保衛共和國聯盟和法國民主聯盟等右翼政黨聯合執政。

(2)主要的教育政策基本上保持了連續性，沒有發生太大的起伏。這說明法國社會對於當前法國教育發展和改革的總目標、總方針是有基本共識的。

(3)提高教育質量，抑制學業失敗，加強技術職業教育，改善

---

25 中華碩博網。

教師培訓等措施，不僅受到左翼政府的重視，而且受到右翼政府的關注。

(4)法國左右翼政府在教育方針政策上的不同傾向也是明顯存在的。

→左翼更加關注教育機會平等、教育民主化等問題。

→右翼則主張自由選擇與競爭。

(5)不過面對法國教育的現實問題以及各種社會力量的箝制，這些分歧沒能對當前教育改革的總方針發生太大的影響。

2. 在教育發展的戰略上注意數量與質量並重

(1)二戰後法國教育經歷了一個民主化、大眾化的發展歷程，五〇年代初到七〇年代末，法國教育的發展主要表現為數量的擴展。

(2)在此時期，各級各類教育的機會，成倍數增長，教育民主化、教育大眾化的步伐邁得很大。但是對於教育的質量問題，則有所忽視。

(3)八〇年代，針對日益惡化的教育質量問題，「與學業失敗做鬥爭」成為教育改革的下一個大目標。

(4)九〇年代，法國教育採取了質與量兼顧發展的戰略。有以下兩方面：

①繼續八〇年代旨在提高教育質量的改革。教會所有孩子閱讀、書寫和計算，作為教育改革的目標。

②繼續重視數量的發展，二〇〇〇年時將使 80% 的適齡青

年達到高中畢業水平，並保障所有獲得高中畢業文憑的
學生能夠接受高等教育。

3. 在教育思想上強調「將兒童置於教育系統的中心」

(1)本世紀以來，對法國學校教育，產生影響的重要教育思想
或思潮有兩股勢力，即新教育思想和教育民主化思潮。

(2)本世紀初，與美國的進步教育運動相呼應，在法國以及歐
洲，產生了以改革舊學校教育的內容和方法為主要目標的
新教育思想。

(3)與傳統教育思想相比，新教育思想強調兒童是教育的中
心，強調兒童在教育過程中的積極參與。新教育運動的許
多有益的思想，對法國教育產生了積極的影響。在隨後的
半個多世紀中，教育民主化思潮逐漸成為法國的主流教育
思潮。

(4)在這一教育思潮影響下，法國學校教育數量急劇擴充，學
校教育實現了普及化、大眾化。八〇年代末以來，面對學
校教育高度普及化後產生的各種問題，強調以兒童為中心
的教育思想產生出新的活力。

(5)一九八九年七月，法國頒布的教育方針法附加報告明確提
出：「學生處於教育系統的中心」這一思想。當前，尊重
兒童的個體需要，根據學生能力和水平組織不同形式的個
別化教育，建立靈活的學校教育體系，不僅得到了教師們
的廣泛認同，而且正在逐漸變為許多教師的教學實踐信

條。

4. 箝制教育改革與發展的主要困難

(1)法國社會對教育認識上和利益上的不一致

法國的社會,認為教育是一個十分敏感的領域,牽涉到不同階層、不同政黨的不同利益。因此,制定出被公眾普遍認可的改革方案是十分困難的。

(2)經費不足

法國經濟不景氣的狀況已經持續多年,當前仍然回轉無力,故難以為教育提供足夠的經費。

→由於法國教育成本高,效益低,經費仍嫌不足。特別是高等教育,許多大學校舍破舊零散、設備不足、師資短缺,而大學的就學人數近年來持續高速增長,人滿為患現象日益加劇。

(四) 二次大戰後迄今之教育發展 [26]

1. 第二次世界大戰使法國的經濟和文化受到嚴重破壞,戰後,法國政府在醫治戰爭創傷,恢復和發展經濟的過程中,對教育進行了多次改革。

2. 在戰爭結束前夕的一九四四年,法國政府組織了「教育改革委員會」,由著名物理學家郎之萬、心理學家瓦隆分別擔任正、副主席,於一九四七年向議會提出了教育改革報

---

26 林貴美(1991)。法國教育制度。台北:國立編譯館。Ll-3。

告。史稱「郎之萬－瓦隆方案」。

→方案在前言中批評：法國教育與現實生活和科學現狀脫節，教育方法因循守舊等弊病。認為必須實施「完整的教育改革」，以實現培養現代生產者和公民的教育目標。提出了六條教育改革的原則：

(1)強調人人都有受教育的權利。

(2)承認社會上一切工作的價值平等。

(3)尊重兒童的性格，發展每個人的才能。

(4)對學生首先進行一般性向指導，然後再給予職業性向指導。

(5)各級學校教育實行免費。

(6)加強師資培養，提高教師的地位。

3. 在以上教育改革原則的基礎上，有以下規定：

(1)實行六至十八歲的義務教育制

　①六至十一歲，為基礎教育階段，是幼兒教育的繼續。

　②十二至十五歲，為性向指導階段，教師根據對學生的系統觀察，對其發展方向予以指導。

　③十六至十八歲，為依據決定的性向進行分別教育階段。

(2)高等教育分為

　①二年預科階段。

　②二年碩士階段。

　③國家學位階段。

(3)要求在課程設置上加強自然科學和技術學科的比重,增設經濟科目等。

→這一改革方案在當時未作為正式法令公布實施,但它已成為法國戰後歷次教育改革的重要思想基礎。

4. 一九五九年,戴高樂任總統的第五共和國成立。一月六日頒布了教育改革法令。主要內容是 [27]:

(1)實施十年義務教育(由原來的六至十四歲延長到十六歲);義務教育的最後三年可在各種類型的職業技術學校或工商企業辦的藝徒學校中完成。

(2)規定中學一、二年級為觀察和指導期。

(3)發展職業技術教育,提高職業技術教育的地位。

5. 一九六二年法國出現了一種新型中學 —— 市立中學(CES)

(1)是一種綜合型四年制的初級中學,包括古典、現代、實科三組。

(2)這項改革雖然沒有改變法國學校雙軌制性質,但確立小學為五年制。

(3)後來又經過多次改革,取消了初中第一、二學年的分組措施。

---

27 優網新聞。

(五) 一九六三年傅謝改革 [28]

1. 一九六三年普設綜合中學，作為中等教育第一段（相當於初中），實施性向觀察。鑑於觀察期分流措施實施效果不彰，一九六三年八月三日傅謝改革再度進行中等教育學制的重組，其結果為確立前期中等教育考萊治中學的創設，以及導致一九六八年古典中學的消弭。

2. 一九六三年的傅謝改革前期，中等教育階段新創「中等教育考萊治中學」，該類中學內依照教學類別又分三科，分別與一九五九年改革後的三種中等教育類型相應，見於下表。

教育類型	改革後的內容
古典和現代教育科	教學內容與古典和現代里賽中學第一階段相同，以參加高中會考為取向，畢業生可升學進入里賽中學第二階段繼續就讀。
普通教育科	教育內容與普通教育考萊治中學相同，以職業教育取向，學生畢業後可進入技術考萊治或技術里賽中學就讀。
實務班	與其他中學附設的實務轉移班相對應，畢業生多選擇就職，少數則選擇就讀技術教育考萊治中學或里賽中學。

3. 另一項變革是消弭古典教育體系和現代教育體系之間的差異，其重要措施有六年級課程增加拉丁文教學、規定現代

---

28 鐘宜興（2004）。各國中等教育。高雄：復文。頁218-220。

教育體系（現代里賽中學和中等教育考萊治中學內的現代
教育）的共同課程、四年級課程增加技術教育。

4. 鄉下學校實施拉丁文教學有其困難性，導致該項改革並未
成功。直至一九六八年大學和各級學校的大型示威抗議事
件後，拉丁文教學被納入中學四年級課程內容，才使得拉
丁文引起的社會不平等現象得以緩和。由於古典中學和現
代中學最主要的區分在於拉丁文教學之有無，拉丁文納入
前期中等教育的共同科目後，此舉也意味著古典里賽中學
和中等教育考萊治中學教育科的消失。

5. 相對於普通教育學制的變革，職業教育在此時期也有新的
改革。義務教育在一九五九年延長到十六歲，但卻有很多
年輕人寧願學習一技之長，除進入技術教育考萊治中學準
備執業教育結業證書和職業技能合格證照考試等途徑外，
一九七一年並設立學徒訓練中心，以因應職前訓練所需。

（六）一九七五年阿比改革 [29]

1. 從一九六三年改革以來，法國政府企圖建立全國統一的前
期中等教育學制，終於在一九七五年得以實現，長久以來
初等教育和中等教育平行的學制結構有因此而改變。

2. 一九七五年阿比法案將前期中等教育的所有類型加以整
合，正式命名為單一考萊治中學，背負著提供基本文化知
識以及未分流做準備的雙重任務。自此，新制考萊治中學

---

29 同註28。

取代了原有的高級初等學校、普通教育考萊治中學和里賽中學的第一階段（初級部），招收所有十一至十七歲的學生。在教學上為避免過早的分流，也取消分組的方式，開始實施共同課程，僅在輔導期的三、四年級提供選修課程。

3. 一九七六年考萊治中學三年級畢業生開始授予「考萊治中學畢業證書」。

4. 一九八二年的考萊治中學改革，以促進教育功能和義務教育階段公平性為目的，屬於義務教育範圍的里賽中學，第一年因而採用不分化教學，並從考萊治教育階段即開始建立適性教學。

5. 在職業教育方面，一九七六年既設定考萊治中學改成職業教育里賽中學，一九八六年又改成職業里賽中學，並增設職業科高中會考。從一九八七年開始，原有的技師會考也被高中會考所取代。

(七) 一九八九年教育分流法[30]

1. 法國現行的中等教育結構於一九七六年和一九八七年間已奠定，但近年來法國學制重大變革為一九八九年七月十日所頒布的教育分流法。

2. 該法重點在重組初等教育結構，至於中等教育方面並未涉及學制的更動，而是針對教學組織進行變革，教育分流的

---

30 同註28。

落實。

3. 教育分流法也對里賽中學教育階段的教育內容和高中會考種類進行改革，並訂定里賽中學教育的一個新目標「於二○○○年將高中會考及格率提升到 80%，自此及格率年年升高，到二○○三年已達到 78.8%」。

4. 一九九二年普通里賽中學和技術里賽中學合併成綜合性的「普通和技術里賽教育中學」。

5. 一九九四年的中等教育改革多集中在新課程綱要的制定，以多樣化來符合學生個別需求。

6. 一九九五年的七月，法案除了課程綱要和教育內容改變外，並將考萊治中學原有的兩階段（觀察期、輔導期）改成適應期、核心期和輔導期等三個階段，以便使初等教育和中等教育間有更好的銜接，未涉及學制結構上的變動。

三、德國

(一) 背景 [31]

中古時代的德國，和其他歐洲國家一樣，各方面都受到宗教的影響，基督教的教會對於教育更具有絕對的支配力量。根據文獻的記載，約在八○○年左右，德國的教育機構主要是大教堂附設的學校以及修道院。學習的內容也以拉丁文和宗教規約為限，一般人民並沒有機會接受教育。

31 李恩國（1986）。歐洲各國教育制度。台北：幼獅。L9-1。

　　十六世紀，馬丁・路德發動宗教改革，連帶的也影響到教育的領域，德國普及教育的理念於茲萌芽。一七一七年，普魯士國王通令全國普設小學。一七六三年普魯士政府正式確立了義務教育的理念，並制定了詳細的教育法規，奠定了日後發展現代學制的基石。

　　根據教育史學者 Peter Lundgreen 的研究，德國在十八世紀的一般學制是實施小學三年，中學八年，接著是大學教育。

　　到了十九世紀，德國教育史出現一位著名的改革家：洪堡德（W. von Humboldt），由於普法戰爭，德國被法國打敗，擔任教育廳長的洪堡德，肩負起改造當時教育制度和內容的重任，他廢除屬於封建體制的學校。如騎士、武士學院，繼而提倡全人教育。經過他的改革，德國的學制分為兩環，一是由文理中學和大學所組成的學校教育，另一環則由國民學校與各種職業性教育機構所組成。

(二) 教育發展

1. 初等教育 [32]

(1)德國實施初等教育的機構稱為「基礎學校」。其改稱自一九二〇年威瑪共和時期，具有濃厚國家主義意義的「國民學校」，招收六歲之學齡兒童修業四年。

(2)此一制度延續至今，仍通行於德西地區各邦。僅柏林、布

32　同註 31，L9-4-6。

蘭登堡及在部分舊東德地區，仍保留有六年制的基礎學校。

(3)根據「基本教育的概念」，基礎學校不但是全德國民共同受教育的場所，且為提供現代化國民基本教育之處所。

2. 中等教育 [33]

(1)德國孩子在四年制的小學教育後，就須依照能力、性向、興趣，選擇三類傳統中等學校就讀，即所謂的三分學流。

(2)一九五九年的德國教育委員會發布了「關於普通教育的改革和統一的總綱計畫」確立「一本三枝」的中小學架構。「一本」指基礎學校與定向階段。「三枝」就是主幹學校、實科中學及文法中學。

(3)一九七○年德國教育審議會提出的「教育綱領計畫」中，確立了中等教育前段及中等教育後段的階段架構。

→前者包含第五或七到十年級，後者則由第十一到第十二或十三年級。

(4)主幹學校（Hauptschule）

其九年級畢業生，大部分繼續在德國二元制之職業養成教育體系內，接受三年至三年半不等之學徒訓練，並於取得職業證照後，進入就業市場。

(5)實科中學（Realschule）

其十年級畢業生畢業後，可選擇繼續接受學徒訓練，或選

---

33 同註 31，L9-4-6。

擇升入文科中學，或升學就讀全時制之各種不同職業學校，並於通過考試後取得專科學院入學資格。

(6)文科中學（Gymnasium）

其十三年級畢業生通過畢業會考，取得大學入學資格。主幹學校及實科中學畢業生，亦可透過第二教育途徑，經由就讀夜間文科中學取得大學入學資格。

3. 高等教育[34]

德國之大學校院共計約三百二十四所，一般分為三種類型：

(1)大學

包含下列各種大學校院：

①理工大學（Technische Universitaeten, TU）。

②理工學院（Technische Hochschulen, TH）。

③教育學院（Paedagogische Hochschulen, PH）。

④綜合大學或學院（Gesamthochschulen, GH）。

→大學所設科系較多，是教學與研究並重之高等教育機構。

(2)專科學院（Fachhochschulen, FH）

①專科學院是德國新型之高等教育機構。六〇年代末期專科學院方成為德國高等教育機構之一部分。

②兼具職業進修深造教育與正規高等教育之功能。該學院之課程設置亦與一般大學校院類似，惟課程以實務取向

---

34 同註 31，L9-4-6。

為主。課程亦分基本及主要課程。

③修讀年限則規定至少七學期，至少須有一學期在校外實習。惟據統計，其平均修業年限為九學期。

④修畢課程，通過考試及畢業論文審查後，獲頒畢業學位。畢業生成績優良者可續入大學攻讀博士學位。

⑤近年來，亦有許多專科學院開設英美學制之碩士課程。

→專科學院英文譯名為 Universtiy of Applied Science，其課程偏重應用。一般主要之科系為工程、經濟、企管、設計、社會工作。

(3)藝 術 學 院（Kunsthochschulen）、音 樂 學 院（Musikhochschulen）。

4. 學制上之差異 [35]

德國大學校院學制與我國迥異。

(1)大學校院均採學期制（一年分為兩學期），惟無年級與班級制度。

(2)在修讀課程上既無學分制度亦無大學部、碩士班及博士班之區分。學生在修讀課程上僅有雙主修或一主修雙副修（理、工、醫、法等科系雖無雙主修或副修之規定，惟有必選修專業科目之規定）之區別。

(3)課程均僅分為基本課程（Grundstudium）及主要課程

---

35 詹棟樑（1993）。德國學制改革。台北：師大書苑。

（Haupstudium）兩部分。一般而言，修畢基本課程通過考試，可獲頒一證明，並進而修讀主要課程。

(4)修讀主要課程期間，學生均依各人興趣及日後研究重點或方向，選讀必修及相關課程。修畢主要課程中之必修課程並獲得成績後，撰寫畢業學位（碩士）論文。論文審查通過後報名參加學位考試（筆試及口試），考試通過則獲頒畢業（碩士）學位。

(5)修業年限方面，一般僅作至少須修讀八學期之規定。惟據統計，德國學生修讀大學畢業（碩士）學位之平均修業年限為十至十一學期。

(6)由於德國大學校院並無博士課程之設置，獲碩士學位且成績優良者，不須另修讀博士課程，可逕尋指導教授撰寫博士論文，通過論文審查及口試即可獲頒博士學位。

(三) 教育改革

一九六〇年代開始重視教育的改革，牽動範圍十分廣泛，更和當時的社會文化變遷密切地互動[36]。

1. 目標[37]

係以「教育總體計畫」提出的基本原則：
「我們所欲發展的教育制度，是順著每個人的天賦，幫助他

---

36 同註 35。
37 同註 35。

們發揮他們的潛力、性向與技能，使他們能靠自己的力量，決定個人的、職業的與社會的生活方針。如此，則機會的平等與效率將可互補，而成為未來教育制度的主要原則。」

　　→德國教育改革的可貴之處，在於它有相當明確的理論基礎，能夠逐步將機會平等和適性教育的口號，轉化為可行的制度。

　2. 理念 [38]

　　德國教育改革起步初期，曾有過保守和進步兩派意見的大辯論，結果進步的理念占了上風，機會平等和教育民主化成為貫穿教育改革的主軸。

　3. 組織 [39]

　　德國雖是地方分權制，但教育改革的迫切性，使得各邦能同意成立「教育諮議委員會」及「聯邦和各邦教育計畫及促進研究委員會」，長期負責教育改革的工作。

　4. 教育實驗 [40]

　　(1)德國教育改革專責機構在政策及研究方面花費龐大心力，

38 黃政傑（1996）。各國教育改革動向。台北：師大書苑。頁137-145。
39 同註 38。
40 同註 38。

由於教育政策的制定及執行，屬於各邦的權力，聯邦政府則援引憲法的規定，積極進行「模式實驗」，供給各邦在研擬政策時參考。

(2)德國聯邦政府稱這些教育實驗為「控制下的創新」，在一九七一至一九八七年之間，總共投入約一億馬克，完成了兩百多項實驗。

5. 分流教育 [41]

(1)德國的改革策略是將原先的強制分流加以多方疏通，使之接近較自然的分流方式，這種改變乃是漸進的過程，更無意用綜合中學去完全取代傳統的三類學校，而是增加學生的選擇機會，並讓不同的學校類型間彼此產生競爭關係，由教育的需求來引導供給。

(2)從日後的發展來評估，德國文理中學比例的提高及大學生人數的激增，反映的是「知識社會」或「後工業社會」的主流趨勢。也就是人們希望以更高的學歷和更長的學習時間，來取得對社會變遷的適應能力。

(四) 一九二〇年之後的改革

1. 一九二〇年四月二十八日實行「全國基本學校法」，取消原有的中學「預備學校」，把國民學校的前四年，定為基礎學校，學生在基礎學校畢業後，可決定繼續留在國民學

---

41 同註38。

校後期，或是轉入高級中學，如：「文理中學」、「文實中學」、「實科中學」[42]。

2. 一九二五年頒訂「教學方針」，確定中等學校任務為傳授、維護和發揚德國文化資產。授課皆應以掌握德國人文歷史精神和習俗等知識傳遞為中心[43]。

3. 一九二三年威瑪共和國在教育制度內增設九年制的「德文高級學校」。另外成立銜接國民學校第六年級後的「建立學校」。

4. 一九三○年公布「學校建立、職業選擇與資格之指導原則」，針對不適當的學生流入高等學校現象、減輕國民學校建立的負擔、增強中等學校以及職業與專門學校的發展等進行討論。

5. 一九三一年提出「確實且較佳的嚴格挑選」，規定錄取條件、書面的鑑定與實際的缺額。

6. 一九三三年四月二十五日帝國政府提出「針對德國學校與高等學校過度飽和之法規」，當中明令除義務學校外，所有的德國學校與高等學校的學生人數應予以限制[44]。

一九八三年一月底頒布的學校改革令中，除了文理中學、建立學校和「中間學校」仍保留外，將文實中學、實科學校、德文

---

42 林聰敏（1989）。德國中、小學教育之背景與特色。比較通訊，第二十一期。頁 22-32。

43 同註 28，頁 172。

44 同註 28，頁 173。

高級學校取消，另設高級學校為中學的統一形式[45]。

(五) 第二次世界大戰後的教育改革

1. 德意志教育制度委員會的成立

西德於一九五五年，設置「德意志教育制度委員會」，並於一九五九年提出名為「德國公共學制統一及改革方案」研究報告，其改革重點如下：

(1)各邦的教育制度應設法由分歧而歸於統一。

(2)中等教育應因材施教，以促進個性發展，故應在基礎學校（國民小學，四年制）之上，設置兩年的促進階段，實施觀察輔導。

(3)中等學校宜分為：主幹學校、實科學校、古文學校、高級學校。

2. 漢堡協定

於一九六六年十月二十八日及一九七一年十月十四日締結，內容在使學校標準化提出修正，其改革重點如下：

(1)所有兒童的第一至第四學年的共同階段，稱為「基礎學校」。

(2)所有兒童的第五至第六學年，稱為促進階段或觀察階段。

(3)銜接在基礎學校之上的中等學校有三種：主幹學校、實科

---

45 同註28，頁174。

學校、古文中學。

(4)基礎學校與主幹學校得統稱為「國民學校」。

(5)全日制義務教育為九年，但亦得延長為十年。

(6)實科學校及古文中學各設一貫型及高級型兩種。

(7)各類中學之間轉學靈活化。

3. 教育制度結構計畫

德意志教育審議會於一九七○年提出名為「教育制度結構計畫」，其主要建議如下：

(1)倡設綜合中學（綜合學校）。

(2)將學制由垂直多軌制改為水平單軌制，並將中等教育分為前後兩個階段。

(3)打破普通教育與職業教育之間的界限。

(4)中等教育的前兩年為定向階段。

4. 教育整體計畫[46]

西德聯邦與邦教育委員會，提出一份名為「教育整體計畫」的研究報告，針對一九八五年以前的教育發展做了預估及計畫，其建議重點如下：

(1)將所有的中等學校改制為綜合型中學。

(2)將中學分為第一階段與第二階段，亦即有初、高中之分。

(3)中學前段止於第九或第十學年（包含小學在內之年限），

---

46 同註 28，頁 174-177。

應設共同的核心課程讓全體學生學習，並逐年設選修課程，中學後段修業二年或三年，職業及普通課程應加強溝通聯繫。

(六) 二十世紀整體學制概況 [47]

德國為聯邦國家，由十六個邦所組成。因此德國教育是由各邦自行決定，所以各邦的中等教育制度會有若干差異，但透過各邦教育部長常設會議，以及各邦聯合組成的各種研究改革委員會的規劃以及協調，目前德國各邦的教育制度已呈現大同小異的局面。

以一九九九年之統計為例，各類型學校就讀人數百分比分布如下：主幹學校 21.6%、實科中學 24%、高級中學 31.2%、綜合中學 9.8%，另有特殊學校 4%。由此可知其中等教育制度之概況。以下介紹德國現行中等教育學制的情形：

德國的教育體系為十二至十三年義務教育，大致上為初中教育的階段，實際上教育體制因邦而異。學前教育端賴家長的意願，可將兒童送往托兒所，純屬非強迫性。小學階段除了少數邦為六年（例如：柏林）之外，其餘為四年。

在中等教育階段，德國主要採行的制度為「一本三枝」。學童滿六足歲開始接受義務教育，受完四年（柏林市為六年）之基礎學校（Grundschule）教育後，在晉升至中學階段期間，存有為期兩年的定向階段（Orientierungsstufe），藉此可以透過老師的建

---

47 同註 46。

二○○○年德國教育體制基本結構[48]

年齡	學年						
		高等教育 大學、科技（工業）大學、技術學院、綜合大學、專門高等學校、職業教育學院、教育學院等		繼續教育／成人教育			高等教育
				職業高等專科學校	夜間高講座／中	專門學校	職業特種學校
18	13	文法高中高中部		專門高級學校	職業專門學校	在二元制度與職業基礎年中的職業教育與訓練	中等教育
17	12						
16	11						
15	10					實習年	
15	10	整合性綜合中學	合作性綜合中學	文法高中初中階級	實科中學	第十學年	初等教育
14	9					主幹學校	特殊對象預備之特殊學校
13	8						
12	7						
11	6			定向階段			
10	5						
9	4		小學 （在柏林與布蘭登堡兩邦為六年）				
8	3						
7	2						
6	1						
5		學前課程（自願）	學校附設之幼稚園				學前教育
4		幼稚園 （自願原則）					
3							

━━ 粗線涵蓋處即是義務教育的部分

✦ 須通過考試 　　　　　　↑ 直接晉級

二○○○年德國現行學制圖

---

48 同註46。

議以及學生與家長的意願，決定往後就讀的學校。

中等教育主要有三種學校可供選擇，依次為主幹學校、實科中學以及文法高中：

1. 主幹學校：五年級至九年級或十年級。
2. 實科中學：五年級至十年級。
3. 文理中學：五年級至十三年級（或稱文法中學、文科中學）。

四、美國

(一) 背景

美國的公立中學設立，是憲法所許可的，但其繁榮暢茂還是要等到二十世紀。一九○○年的中學註冊人數約有六十九萬餘，到了一九二○年已增加到約將近二百五十萬人註冊，十年之後註冊人數又增加了一倍，而在三○年代中期，六百五十萬人的大關也超過了[49]。

正式教育如果沒有工業革命的衝擊，在數字上能否躍增到現在如此龐大的程度，還是個問題。實際上大規模的機器生產，才產生了對受良好教育和特殊訓練的人員的需要。工廠是不需要文盲和對工作不熟悉的人，因為要有效地執行工作，必須要讀懂工廠的各種標記和指示、章程與規則。在辦公室中，知識更是必須

---

49 梅爾（Adolphe E. Meyer）著，李正富、孫彥民、黃中譯（1968）。二十世紀的教育發展。台北：國立編譯館。頁369。

的了 [50]。

因此，在就業競爭中，教育程度顯然就是一種資產了。隨著機器時代的進步，對於熟練的技術人員的需要有驚人的增加。於是學校就必須完成這項任務了。進入二十世紀，美國的學校也就愈有人要求，不但要傳授傳統的基本知識，而且還要使年輕人為其在工商業方面所擔任的角色做準備 [51]。

美國的學校制度就是這樣產生的。這種制度，一部分是民主理想的產物；大半也是美國的工業、技術文明的產物 [52]。

(二) 教育的基本原則

美國並沒有嚴格的全國性就學制度，但具有明確而可認出之特徵，並以一般公認的原則為其基礎，其重要原則如下 [53]：

1. 地方分權。
2. 免費、強迫且普及的教育。
3. 教育階梯。
4. 私立學校。
5. 教區學校。
6. 教育機會均等。
7. 政教分離。

50　同註 49，頁 370。
51　同註 50。
52　同註 50。
53　同註 49，頁 370-371。

(三) 具有教育功能的獨立團體

除了州和地方機構，由法律賦予實施各該轄區教育計畫的責任之外，還有許多獨立的團體，從事種種的教育事業，舉辦那些為政府教育機構權能所不及的活動和服務。

例如：有許多團體具有「認可機關」的性質，其宗旨在於對原經認可的教育機關加以考察及評核，對成績優良者授予會員資格。像是美國律師公會，由全國執業律師組織而成，曾制定了法律學校所必須達到的水準，美國師院聯合會在師範教育方面亦採取了類似行動，而在其他職業團體都做了同樣的工作[54]。

(四) 教育的層級組織

美國是實行自小學至中學免費和普及教育的第一個國家。

二十世紀前十年，美國的階梯制度體制如下[55]：

中學 九至十年級	小學文法班 七至八年級	小學中級班 四至六年級	小學初級班 一至三年級

直到現今，轉變成：

初等教育一至六年級	初級中學七至九年級	高級中學十至十二年級

(五) 初等教育

如果美國公立學校是其民主政治的基礎，那麼小學便是其基

54　同註 49，頁 385-386。
55　同註 49，頁 389。

石了。小學不但是民主政治的搖籃，而且仍然要教授基本知能，基礎的讀、寫、算便是初等教育所要養成的。

近年來，小學在教授基本科目方面已有改變其重點之趨勢。例如：朗讀已被默寫所取代了；再者，學生不再將唯一的課本讀了又讀，而是廣泛地閱讀[56]。

(六) 中等教育

1. 歷史發展

(1)為大學做準備，成為美國的中學功能之一。中等教育的主要功能是智力的訓練。

(2)傳統的中學，仍偏重智力方面優秀分子的需要，但是現代中學，則尋求一種教育：比以前更為廣泛，對於健康有助益，培養對於基本方法的自由應用、良好的家庭成員、職業技能、公民資格、閒暇時間的有價值的利用，與德性的培養等。

(3)在現代文化的影響下，美國中學已不再以使其學生升入大學為要務。

2. 初級中學

(1)美國的中學，在十九世紀興起時，具有雙重目的：

---

56 同註 49，頁 397。

①作為初等學校和大學之間的聯繫。

②提供工業和商業訓練，以及普通性質教育的機會。

(2)初等教育的目的

①試探性質。

②輔導事項。

③個別差異。

④社會化。

3. 中間中等教育

(1)學生通常由初級中學升入高級中學。

(2)高級中學與初級中學一樣為三年制，所謂六三三制，即小學六年、初中三年、高中三年。

4. 初級學院

初級中學是使中等教育向下延伸，而初級學院則使之向上突出[57]。

(1)贊成初級學院設立的理由

①社區中所有中學畢業生，可以花相當低廉的費用，享受兩年大學學業之利益。

②由中學到大學的過渡和調適不至於太匆促。

(2)反對初級學院設立的理由

①增加了公共教育的費用，有時亦併吞了應該用於促進初

---

57 同註49，頁401-409。

等和中等教育之經費。

②與小規模大學競爭。

一八九〇年時全美的公立中學數目,已達二千五百二十六所之多,學生約達二十萬人。

5. 二十世紀初期的美國中等教育

自二十世紀初期以來,美國中等教育史又展開新的一頁。一九一八年,美國教育協會(National Education Association)所組成的「中等教育改革委員會」(The Commission on the Reorganization of Secondary Education),根據研究結果,發表報告:主張初等教育應改為六年,學齡自六至十二歲;中等教育亦應為六年,學齡自十二至十八歲,將傳統的八四制改為六六制(小學六年、中學六年),此後六六制即逐漸取代八四制。

而六六制中的六年中等教育又有兩種型態,即分為初級中學(Junior High School)和高級中學(Senior High School)各三年的六三三制,或兩者合併成六年一貫制中學。其中又以前者(初中高中分設)的增加率最高,而成為主流。此一學制系統於一九一〇年前後,始在傳統色彩較為淡薄的地區,如:加利福尼亞州的柏克萊、洛杉磯以及俄亥俄州的哥倫布等市相繼實施。

這次改革的學制,以後即成為美國中等教育的主流。最值得注意的,就是新制的初級中學,一般教育專家都認為它的設置,不論在心理學上或教育學上,都適合此一階段青少年的需要,並以重視生活指導為實施教育的原則,故在今日,亦能博得社會人

士之普遍支持。而我國民國十一年（一九二二年）的新學制，就
是仿照此六三三制定的。

6. 中間學校 [58]

自一九六〇年代以後，由於對初級中學若干措施的不滿和青
少年成熟時間提早，故將初級中學的課程及年限做部分修正，而
逐漸改為中間學校（middle school or intermediate school），設立
中間學校的目的有很多與早期設立初級中學的目的相同，所占的
年級，通常為六至八年級，其次為五至八年級，並尚有其他不同
的型態或組合，但不管是哪一種型態組合，通常都不包括第九年
級在內，而把第九年級移至高中裡。

中間學校之產生及日漸普及的原因主要有二：(1)今日人類身
心成熟的速度遠比以前快，故青少年的成熟時間也較以前早；(2)
初級中學已逐漸失去其原來創立時的本色，而逐漸以預備升高中
為主要目標，成為高中的預備學校，課程趨於以學科為中心（sub-
ject centered），連體育、音樂、美術、語言及戲劇等課程，亦均
以預備升高中為宗旨，而不再能適合學生的需要，故須將初級中
學加以改組而稱「中間學校」，以便以新的面貌來迎合學生的需
要，使其課程能以學生為中心（student centered）[59]。

---

58 戈登李（Gorden C. Lee）著，孫邦正譯（1958）。美國教育。台北：
中華文化。
59 同註 58，頁 276-277。

7. 綜合高級中學

從一八八〇年至一九二〇年間，高級中學是否應為大學準備機構的性質，一直存有疑慮。有些教育學者，認為高級中學不應只是為了準備升大學，更應是為了日後的成人生活做準備。

不論是舊制中學或新制中學，其絕大多數都是採用綜合中學（Comprehensive High School）之型式，即在中學內兼施普通教育（General Education）和職業教育（Vocational Education）。因此，其課程除了文化陶冶的科目以外，還包括許多有關職業訓練之科目。一九二〇年代中期，綜合中學的課程涵括：

(1)大學準備課程，包括英語、外語、數學、自然和物理科學、歷史及社會科學。

(2)商業課程，如：簿計、打字。

(3)工業、家政和農業課程。

(4)給定期上課學生的改良式學術課程。

綜合中學的課程有較廣的範圍，提供學生未來進入大學或進行就業的準備，讓學生可適應社會的發展所需。

在美國，中學乃為全國青年而設，準備升學和準備就業的學生，均須就讀於單軌學制系統下的同一種類之學校，致使各中學不得不採用綜合課程，以適應學生不同的需要[60]。

中學的課程在聯邦政府於一九一七年通過的「史密斯－休斯法」，對職業教育提供經費補助後，有愈來愈多學校提供中學的

---

60 呂俊甫（1967）。美國教育。台北：臺灣商務。頁68。

職業課程。至一九一八年，政府對職業教育的經費支出已提升了
27%，原本以學術課程為重的中學漸漸演變成今日的綜合中學。

8. 其他各類學校的發展

⑴磁石學校（magnet school）

　　磁石學校運動是對於一九六〇年代反隔離和另類選擇學校
運動的回應。「磁石」一詞用來描述這些學校為反隔離努
力的功能，其理念是公立學校提供一專業的課程或教學方
法，以吸引廣大的群體，而家長和學生允許在正規學校內
去選擇磁石學校。即學校將如磁石般吸引整個學區的孩
童，其主要的考量即在於維持種族的平衡，其後提供不同
的課程給學生選擇。

　　磁石學校設立的法律依據是美國「一九六五年中小學教育
法案第三章」中的有關規定；另一方面，聯邦教育部也於
一九八五年訂定一項「磁石學校協助方案」作為配合。最
近的支援計畫，著重於種族統合的目標，直接提供教育選
擇的機會給居住於大都會地區的家庭。在二〇〇一至二〇
〇二年的調查中，已有二十八州設有磁石學校[61]。

⑵特許學校（charter school）

　　特許學校的理念在一九七〇年被提出，之後在一九九〇年
代由「美國教師聯合會」（American Federation of Teach-
ers）倡導推行，基本的理念是由一些機構向州政府申請許

---

61 同註 60，頁 319。

可證，而以公共的經費來經營一所學校。由於政府直接撥
款給特許學校，因此特許學校設立的主要理由是可免於受
到官僚政治的控制，而能自由地試驗不同的教學方法和學
校組織。從一九九二年第一所特許學校在明尼蘇達州
（Minnesota）設立後，特許學校數目一直成長，聯邦教育
部撥款的經費也一直增加，至一九九九年九月時，已有一
千四百八十四所特許學校，其中有一半與傳統的小學、中
等學校、高級中學不同，是沒有年級區分的學校 [62]。

(七) 行政制度

美國教育行政的特色是採地方分權式（decentralize）的教育
行政制度 [63]，由於美國憲法對於教育事務隻字未提，故教育的權
限屬於各州及人民 [64]。故在各級政府權力的分配上採地方權制，
一是適應廣大幅員各地的不同需要，二是發揮其主權在民的民主
思想 [65]。優點是能培養地方人民關心教育事業的興趣和責任感，
充分調動地方辦教育的主動性和積極性。不足之處是缺乏全國統
一領導，沒有統一標準，各地區教育質量參差，若地區經濟條件
不同，貧富差距大，教育事業便會發展得不平衡。美國聯邦教育
行政機關稱為教育部，美國憲法規定，聯邦無教育行政的權力，

---

62 同註 60，頁 319。
63 王文科（1973）。各國教育制度。台北：文景。頁 265。
64 同註 28。
65 同註 28。

所以教育部對全國教育無管理權力。目前的工作僅限於補助、研究等服務，協助州與地方發展其教育，以促進各地教育的均衡發展[66]。美國的教育行政權主要在州與學區本身。

1. 聯邦教育部

美國聯邦教育部（Federal Department of Education）最早設立於一八六七年。一九七九年時，當時的總統卡特為競選連任，成立了現在能存在的美國聯邦教育部，當時國會指出成立的目的有七項[67]：

(1)加強聯邦政府在確保每個人教育機會均等。

(2)補充州、地方學區、州的其他機關、私人機構、公私立教育機構、公私立非營利教育研究機構、社區組織、家長與學生等團體的努力，改進教育品質。

(3)鼓勵一般民眾、家長與學生積極參與聯邦的教育方案。

(4)透過聯邦補助的研究、評鑑與資訊分享，促進教育品質與實用性方面的改善。

(5)改善聯邦各項教育方案之間的聯繫與協調。

(6)改善各項聯邦教育活動之管理與效率。

(7)提升聯邦教育方案的績效，以對總統、國會與社會大眾負責。

聯邦教育部未直接參與各級教育運作的管理，只擔任協調、

---

66 同註 28。
67 同註 28，頁 286。

經費補助、研究等補充性質的工作，聯邦教育部組織架構圖可分為下列四類：

　　(1)首長管理室（Management Office）。

　　(2)各項專案司（Program Office）。

　　(3)經常性業務單位（Staff Office）。

　　(4)白宮提出之計畫室（White House Initiative Office）。

2. 州教育行政機關

　　美國的州教育行政機關分為州教育委員會與州教育廳。州教育委員會在各州的立法、行政、司法三權分立的體制下，掌管全州的公立教育制度。州教育委員會的法定功能大致可歸納為下列八項[68]：

　　(1)確保各地方學區遵守州有關教育政策與法規方面之立法精神。

　　(2)制定核發教學與行政人員證書標準。

　　(3)建立認可各級學校之標準。

　　(4)管理州政府分配給教育部門的經費。

　　(5)設計一套蒐集教育資料制度，以進行概況報告與學程評鑑之用。

　　(6)針對教育議題向州長與州議會提出建議。

　　(7)發掘本州長程與短程教育需求，並擬定計畫予以實現。

　　(8)召開公聽會瞭解教育政策實施過程中出現的各項爭論。

---

68 同註 28，頁 291。

　　美國各州在教育有完全的主權。州教育廳主要的功能為事務性和資料性而非指揮性的，如分配州的教育經費或聯邦補助之教育經費、決定課程及教學綱要等。就行政與教學兩方面看：行政方面，管轄補助經費的區域、列舉學校之最低標準等；教學方面，師範教育及教員證書、審定教學綱目與課程、供應學校圖書及教育資料、管理聯邦補助之全部或部分教育經費、釐定評鑑目標或標準等[69]。州教育委員會人數各州不等，其產生方式大致分為三種：由州長任命、直選、間接選舉等。

3. 地方學區教育行政組織

　　地方學區為美國最基層的教育行政單位。地方教育行政機關有地方教育董事與教育局，前者為決策機構，後者為執行單位[70]。地方教育行政機關在中等教育的主要職權為：設立管理公立學校、制定教育政策與計畫、任免教育人員、考核教育人員的績效等[71]。地方學區的學校委員會均會任命一位教育專業人員擔任學區的教育局長，領導學區的所有行政人員與中小學校長、教師，執行學校委員會所制定的教育政策[72]。

69　同註 60，頁 5。
70　同註 28，頁 345。
71　同註 28，頁 345。
72　同註 28，頁 296。

五、蘇俄

(一) 彼得大帝時期（一六八二至一七二五年）

　　俄國最早的教育原動力，曾親自率團訪問西歐各國，回國後改革教育，派遣學生出國學習造船、製兵器等技術。這次的教育改革，類似我國清朝同治、光緒年間的新教育[73]。一七一四年，彼得決定實施強迫國民教育，入學年齡為十歲至十五歲，一般家長拒絕送子弟入學，且有入學之後，又大批逃亡者。最後彼得下令，凡未取得國民學校畢業證書者，一律不准結婚，不過成效還是不佳。彼得對於俄國文字，亦有改革，字母及文法，較以前簡化，易於學習[74]。

(二) 亞歷山大一、二世時期[75]

　　對於教育的設施都很熱心，當時的中等教育，可大致分為三類：

1. 古典中學（Mugheskays, Gimnagiya）：創於十八世紀，學生在校八年，是升大學的預備學校，為貴族子弟所獨占。
2. 實科中學（Realinae Uchilshche）：創於十九世紀初，六年至七年畢業，較注重自然科學。

73　同註 4，頁 109。
74　李邁先（1982）。俄國史。台北：正中。頁 159。
75　同註 16，頁 110。

3. 商業中學（Kommerche Skoe Uchilishche）

　　成立於十九世紀之末，因此俄國的工商業逐漸發達，為配合都是富裕子弟的要求，此類學校乃應運而生。

　　這些中學多仿自德國，在中學之下還設有一年至兩年的預備班，且中等學校都是男女分校的。

(三) 一九一七年共產黨革命 [76]

　　共產黨革命成功後，蘇俄的教育起了很大的變化，因為共產黨要利用教育為勞動生產服務，改變社會制度，所以摧毀了舊有的學校制度，建立新的學校和社會制度，訓練勞工及領導人才，以適應新的社會秩序。

　　一九一七年俄共在中央執行委員會頒布「統一勞動訓練法」，創設了容納八歲至十三歲（五年）及十三歲至十七歲（四年）學童的兩階段中小學校。

　　這種學校是義務的，免費的，男女共學的，排除一切宗教因素，准許各民族使用母語教學，並力求教學與生產勞動相結合。其中後階段四年，即屬於中等學校，由舊制的古典中學等改編而來。

(四) 一九三〇年共產黨修訂學校系統 [77]

　　修訂學校系統，關於中等教育部分三階段：

76　同註 75。
77　同註 16，頁 111。

1. 中等教育第一階段（包括鄉村青年學校，工廠勞動學校）為三年制，自十二歲至十五歲，銜接於初等學校（四年制，八歲至十二歲）。

2. 中等學校第二階段，為兩年制，自十五歲至十七歲。

3. 中等技術學校，為三年制，自十五歲至十八歲，銜接於第一階段，而與第二階段平行。

次年，並將九年制學校延長為十年。這種七年制，九年制（後延長為十年），並非按階段區分，而是在大都市設立九年制學校（後改為十年），中小都市設立七年制學校，有些鄉村則只設立四年制初等學校。至於中等技術學校，則多設於都市，依學生性向及志趣入學。

(五) 一九三六年蘇俄最高蘇維埃會議，通過憲法修正法案 [78]

規定蘇俄人民，均可享受普通教育，免費的義務教育為七年，學校可運用母語教學。

一九三九年，第十八屆共產黨大會，接受莫洛托夫的提議，決定在都市實施普通中等教育，在鄉村與所有民族共和國，則須完成七年制普通教育，且在十年制教育階段內，廣為收容學童。

此時的蘇俄教育，以實施七年的義務教育為準，同時也準備將義務教育延長為十年，以完全中學為主實施普通教育。

不久第二次世界大戰爆發，此一計畫未能實現。

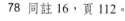

78 同註 16，頁 112。

(六) 第二次世界大戰後 [79]

第二次世界大戰之後，蘇俄民窮財盡，不但十年義務教育無法實施，且七年義務教育也無法維持。所以在第四個五年計畫（一九四六至一九五〇年）中，規定不分城市與鄉村，以完成七年制的義務教育為目標。使原先在第三個五年計畫（一九四一至一九四五年）中擬就而未實施的七年普通義務教育懸案，這時才解決。

(七) 一九五六完全實施十年制普通中等教育 [80]

一九五六年，召開第二十屆共黨大會，會中決定在第六次五年計畫（一九五六至一九六〇年）內，無論城市與鄉村，都必須完全實施十年制普通中等教育，於是十年制學校逐年增多，其畢業生多達一百五十萬人以上。

但是其中只有三分之一為高等教育機關所吸收，其餘的一百多萬人，既未升學，又無工作技能，且又不願意從事工農等實際操作，最後多被徵召到集體農場或國營工廠做普通工人，這不但是浪費人力，也因此造成對政府的不滿。

---

79 同註 16，頁 112。
80 同註 16，頁 113。

(八) 一九五八年召開（最高蘇維埃會議），將義務教育改為八年[81]

為改正上述普通教育與實際生活的脫節，一九五八年十二月召開最高蘇維埃會議中，接受赫魯雪夫之建議，通過一次教育改革案，於三年內七年制學校改為八年制，其第八學年大量增加職業訓練科目，以為學生畢業後做就業的準備。原來的十年制中學改為十一年，嚴格選擇八年制中學畢業生升入第九年肄業，為升入大學做準備。換句話說，十一年制學校的後三年，等於大學的預科，選擇身體健康，具有科學頭腦的優秀青年，由國家全力栽培。

(九) 一九九三年俄羅斯政府將十一年義務教育改為九年[82]

俄國政府原本在普通教育制度上，實施十一年的學制，但礙於國家經濟狀況，俄羅斯聯邦一九九二年的教育法規，已將十一年的義務教育改為九年義務教育，因此大部分的學生只能接受八年或九年的義務教育。

---

81 林清江（1987）。比較教育。台北：五南。頁 229-231。
82 同註 81。

(十) 學制結構

1. 國民教育基本原則

按照蘇聯和各加盟共和國國民教育立法的綱要規定,蘇聯國民基本教育的原則是:

(1)蘇聯全體公民不分出身、社會地位、財產狀況、種族、民族、性別、語言、宗教信仰、職業種類和性質、居住地點和其他狀況,在受教育方面一律平等。

(2)對青年實施普級中等教育。

(3)對青年實施職業教育。

(4)一切教學教育機構均為國立和公立性質。

(5)各類教育一律免費,部分學齡前兒童和學生的生活費全部由國家供給,為學生提供獎學金和各種優待,免費發放教科書,提供各種物質幫助。

(6)有助於教學語言的自由。

(7)國民教育制度統一,各類型學校具有銜接性,以保證可以從低級學習階段升入高級學習階段。

(8)教學和共產主義教學統一;教學教育機構、家庭、社會組織和勞動團體,在兒童和青年的教育上相互配合。

(9)對正在成長一代的教學、教育與生活,與共產主義建設實行、公益勞動和生產勞動相配合,進行綜合技術與勞動的教育和教學。

⑽教育的科學性，和在科學、技術、文化最新成就基礎上，
　不斷加以充實。

⑾教育的人道主義和高尚道德性。

⑿教育的世俗性排除宗教影響。

⒀男女同校。

普通中學、職業技術中學、中等專業學校、高等學校及其他
教學教育機構在執行承擔任務時、應根據社會經濟進步和科學技
術進步的要求、不斷提高對兒童和青年進行教學和教育的品質[83]。

2. 學校教育制度

在一九九三年俄羅斯聯邦政府所通過的國家教育根本大法
「教育法」，其教育策略應著重在於基礎普通教育，將原義務教
育年限從十年或十一年修改縮減至九年，因此目前俄羅斯已全面
實施九年義務教育[84]，根據一九九四年的統計，繼續升上高年級
學習的學生占學生總數的 54.9%，且比例逐年增加，由此可知，
俄羅斯基本上已普及了高中教育的階段。在一九九三至一九九四
年間，俄羅斯聯邦通過俄羅斯各級學校標準條款；俄國國民教育
制度包括學前教育、普通中等教育、職業技術教育、中等專業教
育和高等教育[85]。為瞭解俄國學制架構，對教育系統建立概念，

---

83 王文侃、楊漢青（1996）。比較教育學。台北：五南。頁 242-245。
84 瞿立鶴（1985）。中等教育。台北：教育文物。頁 8。
85 吳鼎（1976）。各國小學課程比較研究。台北：黎明文化。頁
　　88-90。

可參考（十二）附錄。

(十一) 各級各類教育

1. 普通教育 [86]

　　俄羅斯實施普通中等教育的機構為普通中小學，自一九八六年開始將普通教育分為三階段，第一階段為初等教育，兒童自六或七歲入學，修業三或四年；第二階段為前期中等教育，可從五年級讀到九年級，修業五年，修讀完九年級後可選擇是否繼續完成後期中等教育；第三階段為後期中等教育，修業二或三年。

　　依據俄羅斯學校制度傳統，普通教育與職業教育之間的界線十分清楚。而普通教育的課程與教學十分注重其一貫性，在一般學校中便包括初等與前期中等教育兩階段，共九個年級；如果學校包括十與十一年級，則形成一個學校共有十一個年級的學生。因此課程綱要擬定以及相關規定的頒訂，是以普通學校作為整體考量的方式完成。

---

86 同註 16，頁 194。

(十二) 附錄

俄 羅 斯 聯 邦 學 制 圖
Russian Federation School System

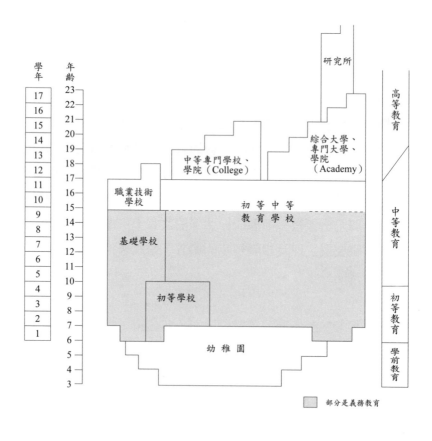

部分是義務教育

資料來源：www.icice.ced.ncnu.edu.tw/database/Nation/Russia/RussiaEDrule.htm

❧ 第二節 ❧

二十世紀重要的教育思想

壹、杜威（John Dewey，一八五九至一九五二年）

一、時代與生平

　　約翰·杜威於一八五九年十月二十日出生於美國佛蒙特州（Vermont）的帛林敦鎮（Burlington）。自小害羞內向，喜好讀書；功課雖好，卻不顯得特別出色。

　　一八七五年進入佛蒙特大學就讀。在學的兩年才開始對哲學和社會思想發生興趣，但到畢業為止都還未能決定將來的方向。

　　一八七九年從佛蒙特大學畢業。先在賓州南油域（South Oil City）中學任教一年，再回到佛蒙特州，繼續在夏洛蒂鎮（Charolotte）鄉村學校任教。同時又私下跟以前的老師托瑞（H. A. P. Torrey）修習哲學。

　　一八八二年在托瑞與《思辯哲學雜誌》（*Journal of Speculative Philosophy*）[87] 主編哈里斯（W. T. Harris）（後者採用了他生平最初兩篇哲學論文）鼓勵之下，入約翰霍布金斯大學（Johns Hopkins University）研究所。曾兩度申請研究員資助金而未果，

---

87 美國當時僅有的一本哲學雜誌。

只得向姑媽告貸五百美金應急。

杜威在佛蒙特州的時期,生活過得相當平凡,一點都看不出日後會成為美國最具影響力的哲學家、教育家以及坦率直言的社會改革者。不過在這段期間,他深受新英格蘭生活方式的薰陶。其後他所做的和所寫的,都不時流露出此種生活方式所具的謙恭、直爽、擇善固執以及對民主程序的信念,和對他人之尊重諸般特質。

一八九四年,出任芝加哥大學(University of Chicago)哲學及心理學與教育學系主任。於此他多方面的興趣終於得到一個整合的機會,並協助創辦了一所實驗學校(一般人稱為「杜威學校」),目的就在試驗和發展他關於心理學與教學法的若干假說。

一九○四年,由於在實驗學校的問題上與芝大當局的歧見日深,終於離開芝大,出任哥倫比亞大學哲學教授。這時他已因為他的哲學思想與教育理論而享有全國性的名聲。在哥倫比亞大學擔任教職,是杜威的教學生涯中最長的一段時期,他的教育哲學,透過訓練世界各國教師的「哥倫比亞教師學院」(Columbia Teachers College)而散布到全球各地。

杜威加入哥倫比亞大學的時候,《哲學雜誌》(The Journal of Philosophy)也開始出版,其後這份刊物便成為討論和護衛杜威思想的論壇。從它創刊到杜威逝世為止,幾乎沒有一期不刊登杜威本人的文章或討論其思想的文章。作為全國期刊中心的紐約,這時也提供機會給杜威發表有關政治與社會問題的見解。

一九四一年他哲學上的勁敵羅素，申請到「紐約市立學院」（The City College of New York）任教而遭否決，杜威挺身而出，為學術自由而請命，並協助編印了一本抗議文集。

杜威在一九五二年逝世於紐約，享壽九十三歲。

重要著作

摘自 John Dewey, From Absolution to Exprimentalism in Contemporary American Philosophy.

一八八七年　《心理學》

一八九一年　《批評的倫理學理論大綱》

一八九九年　《學校與社會》

一九三○年　《邏輯理論之研究》（含芝大哲學系師生論文）、《倫理學》

一九一○年　《我們如何思考》、《達爾文對哲學的影響》

一九一五年　《德國哲學與政治》、《創造的知性》「實用主義態度」之論文集

一九一六年　《民主與教育》、《實驗邏輯文集》

一九二○年　《哲學的改造》

一九二二年　《人性與行為》

一九二五年　《經驗與自然》

一九二七年　《公眾及其問題》

一九二九年　《確定性的尋求》

一九三○年　《新舊個體主義》

一九三一年　《哲學與文明》

一九三四年　《藝術即經驗》、《一個共同信仰》

一九三五年　《自由主義與社會行動》

一九三八年　《邏輯：探究之理論》、《經驗與教育》

一九三九年　《自由與文化》、《杜威哲學》（本書包括杜威的
傳記、他人評論杜威哲學的文章和杜威的答辯）、《現代世界
之知性》

一九四六年　《人的問題》

一九四九年　《知與所知》

一九七三年　《杜威哲學》

二、哲學思想 [88]

　　杜威早年有黑格爾學派之傾向，與托瑞、哈里斯、莫里士（G. S. Morris）諸人之經常接觸關係甚大。杜氏曾自述其受莫里士之影響云：「在密西根大學時，莫里士教授曾行半之演講及講習工作；使我相信德國觀念論本質上被論證之真理，並相信其在生活中，有給予激勵思想、情緒、動作等指導之資格。我從未見有如此心靈純一、靈魂健全之人──一個在各方面均純簡之人；我已脫離其哲學信仰甚久，但我仍愉快地相信其教學之精神，給予我以持久之影響 [89]。」杜氏在述及其受黑格爾思想之影響時亦

88　高廣孚（1976）。杜威教育思想，台北：水牛。頁 17-18。

89　John Dewey, From Absolution to Experimentalism in Contemporary American Philosophy.

云：「黑格爾之主觀與客觀、精神與物質、神與人之統一，不只為一知識之公式（intellectual formula），且成為思想上之大解放。黑格爾之處理人類文化、制度及藝術，亦採用對思想上壁壘分明、彼此對立之相同解決方式，特別對我有吸引力[90]。」其早年受黑格爾思想影響之深，由此可見。

據吳俊升稱[91]，杜氏思想之完全脫離黑格爾理想主義之影響，是在一九〇三年。該年杜氏主編之《邏輯理論之研究》（*Studies in Logical Theory*）出版，內容所載，與實用主義相符，極為詹姆斯（William James）所稱許，譽為「芝加哥學派」。杜氏之加入實用主義陣營，創立工具主義之知識論，蓋自此書之出版始。

十九世紀科學和實驗方法的興起與傳播，對杜威的思想發展有決定性的影響力。

達爾文（Charles Darwin）的進化論，強調生物在進化過程中，不斷和環境互動，凡能適應生活環境者，就能生存；反之，就被淘汰。杜氏深受其影響，其中「經驗」的改造，及「教育及生長」均植於此。不過杜氏特別強調人類是有創造的智慧，不但能隨時隨地適應環境，而且會利用他的智慧和聰明去改造環境[92]。

此外，如孔德（Auguste Comte）的實證主義，使杜氏的注意力集中於社會問題而做科學研究的可能性，進而對科學上所具有

---

90 同註 89。
91 同註 89。
92 同註 88，頁 10-11。

179

的社會功能、社會環境與科學,哲學思想在發展過程中的交互影響尤其感興趣[93]。

(一) 知識論[94]

知識論自古即有理性主義與經驗主義之爭。理性主義知識論強調知識性質是領悟宇宙真理的內在觀念,知識來源主要是靠先天理性作用及心靈主動攝取的,知識判斷是主觀的,知識有效性是永恆的、普遍的,真正知識標準是貫通真理。經驗主義知識論強調知識性質是發現事物本質的經驗,知識來源是來自後天經驗及心靈被動接受的,知識判斷是客觀的,知識有效性是永恆而普遍的,真正知識標準是符合真理。古典的知識論,無論是理性主義或經驗主義,對知識之起源與發生,均無法做圓滿的解釋。兩種學派的共同缺點,便是使理性與經驗兩相對立,而不能在一種觀點之下,互相聯合,以致各有所偏重,只能解釋知識的一部分而不能解釋其全部。杜威則採取生物學的觀點,視理性與經驗為知識發展歷程中互相關聯、彼此依賴之兩種因素,藉以調和雙方間的爭論,解決其共同之困難。

---

93 同註 88,頁 14。
94 葉學志(1985)。教育哲學。台北:三民。
   葉學志(1984)。近代知識論與教育。教育學院學報,第九期,頁1-19。
   吳俊升(1979)。教育哲學大綱。台北:臺灣商務。

1. 立論基礎

(1)生物學的基礎 [95]

杜威從生物求適應環境的觀點來看「認識作用」,知識乃成為行動之工具。人類原始的經驗只是感受和施為,只是「有」而不「知」,唯有在此種施受關係無法適應而使生存發生危機時,知的作用才發生。因此,從生物學的觀點而言,知識是生物與環境交互作用,在這作用之中,不僅環境改變生物,生物也改變環境。

(2)實驗科學的基礎 [96]

杜威認為實驗科學乃是驗證真知的不二法門,而求得真知的程序有三:

①一切實驗均含有外在的操弄,以在環境內或人與環境間創造確定的變化。

②實驗並非偶發活動,而是受觀念的指導,而此等觀念必須滿足引起研究問題之需的要件。

③受指導的活動所生的結果,乃是一種新情境之創造,並且創造出具可被認知之性質的對象。

(3)民主精神的基礎 [97]

---

95 吳俊升（1979）。教育哲學大綱。台北:臺灣商務。

96 郭秋勳（1985）。康德、杜威知識論與教育理論之比較及其在職業教育上的啟示。教育學院學報,第十期,頁 71-105。

97 葉學志（1985）。教育哲學。台北:三民。

杜威反對二元論的對立，認為此種對立來自不民主社會階級區分的表現，故其強調「連續性」，折衷了理性主義與經驗主義。倘自歷程之連續觀點觀之，理性或觀念即是未證實之經驗，經驗即是已證實之觀念或理性。

2. 基本觀點

(1)知識是解決生活問題的改造經驗

杜威對知識的看法與理想主義及實在主義不同，其認為人類知識不是領悟宇宙真理的內在觀念，也不是認知外在事物本質的經驗，而知識是實用的、行動的與創造的，為解決生活實際問題不斷改造的經驗。

(2)知識來源是人與環境交互作用

杜威認為理想主義與實在主義均有所偏，前者重內在觀念、重心，後者重對外認知的經驗、重物，而杜威則認為知識來源是心物交互作用。理想主義者不重經驗，杜威則以經驗為中心，固然其與實在主義者均重視經驗，唯實在主義者認為經驗是摹本，可重複應用，是靜態的，杜威則認為經驗是改造的、是動態的。

(3)知識是主觀與客觀兼有

理想主義重主觀判斷，實在主義重客觀認知，而杜威認為認知是人與環境交互作用，既須對外客觀的認知，又須自我主觀判斷，是主觀與客觀兼有。

(4)知識是進步的、創新的

理想主義與實在主義者均認為知識是永恆的、普遍的。杜威則認為知識是進步的、創新的，因為知識只是解決問題的工具，不是基於先決絕對原則與範疇，而在經驗中不斷求新、求行，有助於預期結果更加完善。

(5)知識是主動攝取的

杜威與理想主義者均認為心靈是主動的，但理想主義者所認為心靈主動，只是重於內在觀念的啟發，自我發現真理，而杜威認為心靈主動是積極思考出適應或改造環境的觀念，藉以指導行動，以求其預期結果有效的實現。

(6)真正知識是證驗真理

杜威所認為證驗真理不像理想主義者所主張貫通真理，人與人間內在觀念均相容，均同於宇宙的觀念，也不像實在主義所主張符合真理，必須所認知的觀念與被認知的事物相符，而是對解決生活實際問題的觀念經證驗其行動的結果是否有效。

3. 知識論之貢獻

杜威知識論調和了理想主義與實在主義，在哲學知識論領域有下列四大貢獻：

(1)調合理性主義與經驗主義之爭。

(2)以科學實驗方法建立的解決問題思想的五大步驟：

　①發現一個疑難而待解決的問題。

　②確定問題的性質。

③發生解決問題的臆說。

④推演臆說的涵義。

⑤繼續觀察與試驗以視臆說的涵義是否與事實相合，因而
接受或排斥臆說。

(3)以科學之實驗方法驗證哲學知識之標準，使哲學知識科學
化，以驅除吾人認為哲學知識高深玄妙之誤解。

(4)提倡知識連續性的觀點，消弭知與行之對立觀念。

(二) 道德論 [98]

1. 發展性的道德

杜威強調道德即生長，並將道德的發展分成三個層次：

(1)本能需求層次：這一層次的行為，起源於滿足本能和基本
的需求，無所謂道德的問題。

(2)禮俗的層次：此層次的行為受社會標準的制約，以社會既
定的標準為依歸，更以社會約定成俗的禮俗為準繩。

(3)良心的層次：此層次的行為受社會和理性標準的制約，而
此標準是經過驗證和批判的。

2. 社會性的道德

杜威主張「一切教育，若能發展有效參與社會生活的能力，
都是道德教育」，更進一步主張「教育即生活。維持這種教育的

---

98 http://www.knsh.com.tw/edupaper/paper30.asp

能力，使其繼續不斷就是道德的本身。」也認為「如不實地去參與社會生活，學校的道德目的，也就蕩然無存了。學校若和現實社會脫離，教育就失去了具體的對象。」杜威主張道德是群性的、社會的。獨立出社會體系，封閉起來的道德教育是不可能成功的；他主張人類的道德價值活動就是正常的社會行為，教育就是使受教者有真實的能力，能發展、活用於各種社會情境中。

3. 知行合一的道德

杜威認為行動的動機與結果是不可分割的，一個完美的道德行為，必須兼顧內外各種因素。道德是認知與行為兼顧的，道德行為必須在一個行為情境中去判斷。道德是實踐的，光有道德認知還不夠，知與行必須一致，不然只是假道學。

4. 道德的要素

杜威相信，要培養有道德的人，須從以下三方面來努力：

(1)知識

　道德不是盲目的，也不是完全聽命於他人的。一個有道德的人，應該瞭解個人的角色、社會的性質、個人與社會的關係、人與人相處的道理以及人際衝突處理的方法。有了這些知識就等於有了行動的參考資料，也等於有了行動的地圖。

(2)感情

　感情是發自內心的力量，範圍很廣，諸如欲望、意願、動

機、愛心、同情心、服務心和奉獻心都是。感情對人的行為有激發及鼓勵的作用,使人願意力行,也勇於力行。

(3)能力

光有知識、感情,不能產生行為,甚至兩者都有也不一定會產生行為,除知識與感情外,還須要能力。能力可以幫助我們運用知識、選擇方法,也可以幫助我們運用感情,採取行動。

三、教育思想[99]

杜威對知識的動態與連續成長的看法影響其教育主張,以下茲分別從教育本質、教育目的、教育主張三方面,來說明杜威的教育理論。

(一) 教育本質

1. 教育即成長[100]

杜威認為教育即是成長,除了成長本身外,沒有其他目的,吾人如欲衡量學校教育的成效,只要看它是否能提供個體不斷的成長。然而,杜威認為必須布置一特別環境以供學生能有一個簡

99　張瑞村。杜威知識論與教育理論。張瑞村的數位歷程檔。

100　杜威(Dewey, John)著,林寶山譯(1989)。民主主義與教育。台北:五南。
　　郭秋勳(1985)。康德、杜威知識論與教育理論之比較及其在職業教育上的啟示。教育學院學報,第十期,頁 71-105。

易、有秩序、排除非社會化的，與在理想化的環境中接受教育，而獲得往好的方向成長。

2. 教育是經驗的繼續改造[101]

杜威從生物學的觀點指出：經驗是人與環境的感受與施為之間的交互作用所構成。人類在適應環境的活動中，必須以舊經驗為基礎來解決問題。因此，杜威說：「教育就是繼續不斷地重組經驗，使經驗的意義格外增加，同時使控制後來經驗的能力也格外增加。」

3. 教育即生活[102]

杜威認為生活是利用環境使自我更新的歷程，教育則是使社會延續不斷的方法。學校教育存在著我們不願見的危機，即是直接的生活經驗和自學校獲得的經驗分離了。

(二) 教育目的[103]

杜威認為以未來生活為教育目的有三個缺點：
1. 容易喪失現有的動機。

---

101 郭秋勳（1985）。康德、杜威知識論與教育理論之比較及其在職業教育上的啟示。教育學院學報，第十期，頁71-105。
102 杜威（Dewey, John）著，林寶山譯（1989）。民主主義與教育。台北：五南。
103 同註97。
　　同註101。

2. 容易使兒童養成懶惰和因循延宕的習慣。

3. 容易忽略兒童的個性。

杜威說：「教育的目的是包含在被教育者的生活過程中，生活是不斷地連續發展，所以把各時期、各過程的生活充分地成長，就是下期生活的最好準備，除此之外並無其他的教育目的。」綜言之，杜威主張教育沒有普遍的目的，認為成長是自自然然的，沒有目的，亦不涉及規範的價值判斷。教育既如花木之生長，自不能給它加上一外在的特定目的。

(三) 教育主張

1. 學校即社會

   杜威一再強調學校的教育內容不能與社會脫節，必須與社會生活的經驗密切地關聯。教育就是要協助兒童社會化，使其成為良好的社會公民。

2. 行以求知的學習論 [104]

   杜威認為教師應先使學童在活動中感覺求知的需要後，學童即會自動尋求學習知識，以作為解決問題的工具，使兒童以活動完成認知的歷程。

3. 教材重實際經驗 [105]

   杜威認為，如在社會生活中突然加入若干特殊科目，如

---

104 同註 101。

　　吳森（1979）。比較哲學與文化。台北：東大。

105 同註 101。

讀、寫、地理等,勢必阻礙智能成長與最佳道德的獲得。由於學童對科目的邏輯組織不感興趣,杜威認為教材應提供學童本身社會生活有關之事物。

4. 注重兒童的學習興趣 [106]

杜威認為在教育過程中,使兒童現有努力與未來目的連接起來,在學習上產生興趣,這是極為重要的。

5. 強調創造思考的教學法 [107]

杜威認為,教育不能只限於以前知識或經驗的重複,而應將其重組,有效地適應新環境,因此教學方法應重視培養學生縝密地思考,將已獲得之知識或觀念加以重組與發現,尤以教導學生用解決問題的學習方法,最能把握學習的重點,達到知行合一的方法。

6. 重視做中學的教學法

實驗必須做中學,解決問題亦須做中學,與其活動課程相配合,杜威強調做中學的學習原則。

7. 博雅教育與職業教育並重

由於傳統政治上階級的劃分,導致教育上博雅教育與職業教育壁壘分明,杜威認為在民主社會中,應該兼重博雅教育與職業教育。

---

106 同註 102。

107 同註 97。

四、對後世之影響

其教育思想的偉大精宏，不但使美國的教育界受到激盪，就是世界各國的教育也深受影響。杜威於民國八年（一九一九年）應胡適之、陶行知諸先生的邀請，來中國講學兩年，對我國教育設施與方法的改革影響甚大。其後如學制的實驗，課程的革新，教學方法的改進等，也都與美國教育息息相關。

我們從他的許多偉大、富有創造性的著作中，不但得知其教育以兒童為本位、為出發點，主張以有用的、活的實際經驗為學習的材料，使學生從做中去學習、從做中去思考，重視兒童情意交流、探索、表現、製作等活動，他提倡全人生的活課程，注意培養學生合作而妥協的民主精神、學習與人相處合作的群育目的，以求得教育的生活化與社會化。杜威可說是二十世紀教育的發言人，其學說不只掀起了美國國內教育學者討論教育問題的熱潮，同時也對其他國家（如：土耳其、蘇俄、日本、中國）產生巨大的教育影響。他不但著書立說提出他的教育哲學，主張包括連續性、問題解決的教育觀念，還實際從事教學實驗工作，如杜威的實驗學校，來印證他的哲學理論。

五、評論

杜威為近代偉大之哲學家，自其思想之淵博，理論之完整處視之，稱其為康德後第一人，自非過譽[108]。他的教育思想對於近

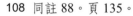

108 同註88。頁135。

代的教育方法、教育目的及道德教育等方面，產生極大的影響力。尤其是道德教育，因為杜威的提倡而重新被重視，讓教育不再只是重視形式。另外，杜威重視知行合一，瞭解問題後還要真正去解決，並且在經驗中得到知識，引導學生從中成長，在經驗中學習，突破傳統的教育型態，對現今教學活動影響深遠。

貳、克伯屈（William Heard Kilpatrick，一八七一至一九六五年）

一、時代背景 [109]

　　從文藝復興時期開始，教育改革就持續進行，自孟登（Montaigne）經盧梭、裴斯泰洛齊、福祿貝爾，一直到以杜威為首的進步教育運動（Progressive Education），都秉持著不變的精神，之後克伯屈承襲並闡揚杜威的教育運動，他反對傳統教育抹殺學生興趣，禁錮兒童活躍的心靈，滯阻創造力和學習精神，因而批判傳統中的形式主義、嚴格主義，提供學校更多的學習自由。他推展方案設計教學法，強調同時學習原理，貢獻良多，因此講到方案教學，就會想到這位哥倫比亞大學師範學院的教育家。

　　一八七一年克伯屈誕生在美國喬治亞州的白原村，該村人口不滿五百人，民風淳樸，他的家庭溫馨美滿，克氏在充滿著父母之愛中長大。一九六五年時，以高齡九十四歲去世。

109 http://w2.nioerar.edu.tw/basis1/693/a49.htm

父親老克伯屈（James Hines Kilpatrick，一八三三至一九〇三年）是教會的牧師。振興教育，提倡公益，言行一致，德高望重，深受村民的敬仰尊敬。他的名字曾列入美國名人錄。克氏對父親非常尊敬，尤其由衷欽仰父親所具有的優越心智與慎言敏行的特性。他的父親常對他說：「兒子！你必須深思遠慮。留意你的言行，凡事要善加考慮。」[110]

克氏自己承認他的重視思考，是來自於父親的薰陶。老克伯屈態度嚴肅，言行莊重，不苟言笑；父啟子承，克伯屈在許多方面，諸如注意細節、遵守時間、意志堅決及表情肅穆，都很像他的父親。

母親荷德女士（Edna Perin Heard）溫和仁慈，富同情心，熱誠親切。克伯屈曾屢次提到：他從母親那裡獲得了從屬感、安全感與滿足感。她對克伯屈慈愛，但不放縱，母子關係一向和諧美好，在他們母子相互往來的一百封信裡，字裡行間深深表露了自然的關懷與密切的親情。一九一二年，他母親寄給他一封信，信上這麼寫著：「當我寫這封信時，我聽到鄰居公寓有位守寡的母親與其成年的兒子吵架，我甚至聽到兒子的褻瀆惡語。在我們三十年的談話之中，關於任何程度的厲聲疾語，我卻一無印象。」另一信又說：「我確信世上沒有太多的母親能像我一樣，從兒子的身上獲得這麼少的悲痛與憂慮。」[111] 克氏自己認為他的成功主要歸功於他母親對他那種循循善誘的教育。他在其作品《教育方

---

110 Harper & Brothers, N. Y. (1951). *Samuel Tenebaum, William Heard Kilpatrick*. P.8.

法原論》（*Foundations of Method*）一書的首頁寫著：「敬以此書獻給我的母親──我的啟蒙師，也是最好的一位老師」[112] 克伯屈偉大的人格，就是在這種良好的家庭環境中培育長成的。

他第一次遇見杜威，是在一八九八年芝加哥大學的教師暑期研討會。一九○七年他又入學哥倫比亞大學的教育學院，在那裡再次見到杜威。在哥倫比亞大學裡，在杜威的指導下他專攻教育哲學。一直到一九五二年杜威去世，兩人皆有緊密關係，且有共同的研究。一九三二年，他們的教育理論促成了本寧頓學院（Bennington College inVermont, U. S. A.）的設立，在十二幢最初的建築中，有兩幢是以他們的名字命名。

二、生平事蹟 [113]

克伯屈是美國很著名的教育家與哲學家。他承繼杜威的衣缽，擔任美國哥倫比亞大學師範學院（Teachers College, Columbia University）的教育哲學講座，致力於闡釋杜威學說的精微論旨，並建立其自身的獨立創見。

克氏能言善辯，講演生動，教學得法，儀態溫恭。學生對於他的講課趨之若鶩，上課人數通常不下五、六百人，但教育學院裡卻沒有一間教室可以容納全部的學生，所以他們常常改到霍里

---

111 同註 110，頁 5。

112 MacMillan, N. Y. (1925). William Heard Kilpatrick, Foundations of Method. P.1.

113 同註 109。

斯曼大會堂（Horace Mann Auditorium）或大學劇院（McMillan Theatre），學生亦往往因名額限制而無法參與上課。據統計，學校所收學生修習克氏「教育哲學」的選課費高達百萬美元以上，故克氏有「百萬美金教授」之稱號。他的學生約有三萬五千人，皆來自不同州，甚至是其他許多國家。這些畢業後分布於全球的學生，皆能發揚師說，傳播克伯屈理論。

克氏自霍布金斯大學畢業之後，開始在布拉克利（Blakely）學校教授數學並兼任副校長；一年後又任校長。服務期間，由於未曾學過有關教育方面的課程，於是便參加了暑期學校，聽了不少有關學生興趣，以及各教育學家提出的論點，例：裴斯泰洛齊的放棄體罰、引導學生致志於有意義的經驗之主張。他的教育觀念漸漸有了改變，開始採取自動負責的原則，以及有意義、有興趣的經驗，以為學習活動之基礎。一八九五年克氏重返霍布金斯繼續進修。但該校已面目全非，於翌年就到撒凡拿（Savannah）地方擔任安德遜小學校長，實驗其教育的新觀念。一八九七年，他應聘至秣塞大學（Mercer University）任數學及天文學教授，此時他研讀了許多教育名著，加深了他對教育的興趣。

一八九八年，克氏到芝加哥大學進修，得有機會親聆杜威博士的講課，並讀了杜威所寫《意志與興趣》與《我的教育信條》兩書，對於杜威的人格及才華，甚表尊敬與推崇。一九〇〇年，他因平日工作熱心與才能卓越，而受聘為秣塞大學副校長。同年，他又參加哥倫比亞及康乃爾成立的暑期學校。此時他讀了杜威的《意志與教育》與《興趣與努力》兩書，尤其是後一本書，

為他開闢了一個全新的世界，對他影響甚大。克氏說：「他對教育具有高度的熱誠和成功的教學技術，並激起學生精神的飢渴，該書貢獻最大。後來他又於諾克斯維（Knoxville）的教師暑期學校，遇到了羅斯（Wyckliffe Rose）和霍爾（G. Stanley Hall）兩位著名教育大師，思想更受到啟迪。一九○三年擔任代理校長，綜理校務；翌年他三十三歲正式接任校長之職。

進入哥大之後，在杜威的指導下，他放棄了新黑格爾哲學（Neo-Hegelian Philosophy），而採取了實驗主義的觀點。從此他就沿著杜威思想的路線而加以充實發展，終成為實驗主義的闡揚者。一九○八年，他與出身望族的蘋克妮（Margaret Pinckney）小姐結婚。婚後伉儷情深，生活美滿。一九一一年初任該校助理教授，四年後升任副教授；一九一八年升為教授，自克氏擔任教育哲學講座之後，由於他的優良學法，使他成為一位最負聲望的偉大教師。他的學說不僅傳播到全美國的學校，同時影響及於世界許多國家。

三、哲學思想 [114]

近代教育思潮派別紛繁，爭奇鬥異，其中影響我國教育最大者，首推實驗主義哲學。此一哲學體系的建立，杜威貢獻最大；至於將其發揚光大，且在其理論可看到具體的方法與實際者，則克氏居功厥偉。

---

114 同註 109。

　　以「知識」來指稱一個完全的動作，包括認識的主體、認識的對象、認識的方法以及認識動作的結果。其起源是為了「實用」的動機而認識，其功用是「控制實在」，其精神類似今日科學研究的旨趣。

　　克氏承繼了教育改革運動，此一運動始於文藝復興時期，從孟登經盧梭、裴斯泰洛齊、福祿貝爾，直到杜威以及以他為首的「進步教育」運動，乃是一脈相承的；克氏即是繼承並闡揚此一運動的奇才。在此一運動中，他反對傳統教育抹殺學生之興趣，禁錮兒童之心靈，以及僵化學生之主動性與創造力。克氏承繼了教育改革運動，且以他為首的進步教育反對傳統教育的方式。他批判並校正了「傳統教育的學究主義、形式主義和嚴格主義，而在現代學校中引發了更多的朝氣、更多的自由，和更多的實際經驗。」他主要的貢獻在於創立設計教學法，揭示同時學習的原則，提倡動態的人生哲學，以及闡揚杜威學說。紐約大學梅爾白院長（Dean Mebby）做了一個很公正的評價。他說：「克伯屈影響教師與兒童之生活，比起同時代的任何人都更為廣大與深遠。簡直沒有一位兒童不受其影響，即使是不屬於進步主義派的教師，他們的行為、教學及其思想，莫不因克氏的存在而大為改變。」[115]

---

115 吳俊升（1960）。杜威教育思想的再評價。新亞書院學術年刊，第二期。頁 1-28。

四、教育思想 [116]

　　克氏持實驗主義的觀點，認為教育就是生活，就是生長，也就是經驗的繼續改造，但生活並不一定都是教育。他認為任何良好的教育，都是以生活為先。教育是生活的教育，為生活而教育，由生活而教育。富於意義、變化與創造性的生活，才是真教育。教育的資料來源不可均來自生活的一切。

　　教育即是生活，但是教育富有發展為將來生活的可能性。「生活是一種發展，兒童生活是向成人生活發展的。」因此，只要把握兒童現在的生活，充分運用兒童現在的生活，使兒童於每一階段的生活都過得有意義、有價值；那麼，將來的生活也就被準備了。所以克氏不厭其煩地強調：教育工作者應注重學生對生活的滿意經驗之連續性，以及從一個活動導向另一個活動的觀念。

　　兒童的教育不僅來自於學校，同時也得之家庭、鄰里、社區與一般生活。他反對以書本教育來代表教育的全部，反對以學校為唯一的教育場所，他認為教育是指影響人類身心的一切活動而言；一個人在社會中生活，隨時都在受教育，教育無所不在；在社會，稱為社會教育；在家庭，稱為家庭教育；在學校，稱為學校教育。

　　克伯屈又認為教育即是生長。人類身體與精神是時時在生長，不斷地生長。但是身體的生長，猶如樹木的生長一樣，有其

116　同註 110，頁 11。

一定的限度;而意識與經驗的生長則是永無止境。因此,教育不該受限在一個渺茫的、固定的目的,當然也談不上有什麼「完成」。其目的只在保持兒童有價值的經驗之連續性,使受教者繼續生長,並改造其經驗。故教育也就是經驗的繼續改造。他所稱的生長是指比較豐富的思想,比較充足的意義,比較細密的計畫,比較優良的行為,比較高超的技能,比較廣泛的興趣。

他認為有利於生長的條件,乃是 [117]:㈠鼓勵學生健全的興趣,以引起他們強烈的性向;㈡由之進而超出其已知已能的活動之上。克氏又以「知」、「能」、「願」三者為生長的途徑。「知」是指眼光與見識的生長;「能」是指制馭方法的生長;「願」則指態度與欣賞的生長。由此看來,一種圓滿的生長,不僅是在於知能與習慣的獲得,同時還在於態度與理想的養成。這與後面要討論的克氏「完整學習」概念若合符節,可互為印證。

他又提出了以下良好生長的特徵,即:㈠具有一種範圍日益增廣的健全興趣;以及㈡具有一種日益生長的能力與傾向。第一項包括個人與團體福利之一致,以創造人生全程的理想;並提供有效的標準,以及提高生活的品質。第二項包括維持個人人格適當的統整;行為合乎道德;明智的決定與審慎的行動;及有效的計畫之實現。總之,教育是生活,是繼續生長的歷程,亦是經驗繼續改造的歷程。

---

117 同註 110,頁 16-17。

(一) 學習理論 [118]

　　克氏認為舊式的學習理論過分重視課本，採用注入法教學，重視抽象與無意義的細節，忽視類化作用。所以他提出新的學習觀點：

1. 行為是學習的主要部分。
2. 具體的生活情境，學習的進行才能有好的效果。
3. 學習來自於行為，非他人描述的語言。
4. 學習結果的首次應用，通常是開始於學習相同的經驗。

克氏的學習理論，是建立在以下三種基本觀點之上 [119]：

1. 根據實驗主義生物進化的觀點，經驗是有機體與環境的交互作用，在此一經驗的歷程中，行是主要的，知是次要的。惟在解決個人與環境交互作用，所生的問題當中，知與行必須是合一的（亦即在行動中求得知識，知識亦賴行動而完成）。
2. 依其生活哲學之見地，教育不僅要重視現在的生活，同時要能瞻望未來。
3. 再據其心理學關於心智機能的看法，認為個體的活動是整體的，學習的活動是多方面的。

　　就第一點言之，在解決問題的活動中，個人應注重目的的指引、思考的反省與自覺的批判。就第二點言之，注重現在生活，

118　http://www.ckids.com.tw/p02_08.htm
119　同註 110，頁 228。

則必須強調目的的自由（freedom to purpose）以及參與生活；顧及未來，則勢必把握一個活動導致另一個活動（one activity leading to a further activity），使現在的生活漸成為下一階段有效生活的延續。至於第三點，則指出個體的學習結果不是單一的，而是多元的。

學習的結果主要在於實行此種經驗。他相信不管在任何情況，兒童除表面的動作和直接立即的反應外，還習得許多其他的事物。學生在學習時是以整個的人對整個的情境，所以學習應分成兩大類，第一類是直接的（direct）、有意的（intentional）或基本的（primary）學習，第二類是伴隨的（attendant）、關聯的（associate）、附帶的（concomitant）。第一類為主學習，第二類包括副學習與附學習，這三種學習構成了克氏的「同時學習」原則，完整的學習應包括這三部分，而且他特別強調附學習的重要，因為那是人格與道德、教育的養成基礎。

根據這些觀點，新式學習理論注重品格的養成，採用學習者生活動境教學法，珍視行為的效果，及注重學習遷移的要件，比舊式學習理論進步、正確。

(二) 設計教學法 [120]

克氏的設計教學可分為四步驟，決定目的（purpose）、擬定計畫（planning）、實行（executing）及評估（evaluating）。就決定目的而言，一件理想的設計工作，最好能由學生自己設計並

---

120 同註 118。

提出，教師站在輔導的地位，協助學生選定適宜的設計。計畫項目包括材料問題、工作分配問題、施行步驟問題、進行方法問題等等，在實行項目，教師有鼓勵、建議的責任，評估結果而言，教師提供批評的標準，最好由同學共同批評，教師從旁指導。課程的編製必須依循知識在經驗中發展的順序，課程不能離開兒童的經驗、活動及生活。教材有兩種型態，心理的組織和倫理的組織，他認為知識發展的順序是由心理到倫理。

(三) 同時學習原則 [121]

克伯屈主張課程編製以兒童的興趣為中心。

1. 主學習：直接達到的教學目的。
2. 副學習：與功課有關的思想或概念（如：鴉片戰爭一課，同時學到地理和衛生之事）。
3. 附學習（輔學習）：學習時所養成的理想態度（如：實驗課學到科學精神）。

例如：主學習係指教學時所要達到的教學目的而言。就以學習「鴉片戰爭與江寧條約」一單元為例，要學生知道中英鴉片戰爭的史實，就是主學習。主學習的內容，可能是某種知識，或是某種技能，或是某種理想，視單元的性質與教學的目的而定。副學習是指功課有關的思想和觀念而言。就以上例來說，同時學到了許多有關的地理知識。附學習是指學習時所養成的理想態度而

---

121 http://zh.wikipedia.org/wiki/%E5%85%8B%E4%BC%AF%E5%B1%88

言。如上例中，學生所養成的敵愾同仇的心理，與奮發圖強的精神即是附學習 [122]。

(四) 方案教學 (project method) [123]

定義：project 乃學習者在一個特定的社會情境中，專心從事一個有目標的活動歷程。克氏認為個體唯有在行動中才能獲得知識，也就是說知識的獲得必須透過個體動手操作的歷程。同時方案教學也強調步驟性的學習過程，克伯屈指出完整的方案包括決定目的、擬定計畫、執行、評鑑等步驟，與杜威的問題解決步驟（發現問題、確定問題性質、提出可行策略、實驗、問題解決）是雷同的。簡言之，方案教學結合了杜威的「做中學」（learning by doing）和「問題解決」（problem solving）的理念。幾十年來 project method 被翻譯為設計教學法，一直到晚近才由幼教學者簡楚瑛，根據其實質內涵和意義，將之重新翻譯為方案教學。

(五) 興趣原則 [124]

克氏接受杜威之調和的興趣理論，反對極端興趣主義者的觀點，那種觀點以為一切學習材料都是不符合學生的興趣，故必須加糖衣予以引誘，兒童才有興趣學習；同時也不贊成訓練主義者的見解，那種見解認為有效的學習一定要建立在強迫的方法上。

---

122 同註 109。

123 http://www.books.com.tw/exep/prod/booksfile.php? item=00l0382420

124 同註 109，頁 241。

克氏認為興趣與努力不但不相互衝突，同時還相輔相成。

克氏認為一種良好的興趣，必須具備下述三個條件：第一，它必是能引起學生強烈之「對目的之心向」，亦即能激發其「達到目的之內在的動力」，使個體能付出最大的努力。第二，它必是逾越學生現有的見識、態度與能力之範圍，並常有成功之可能，使學生在整個學習過程中，永遠滿懷興趣與熱衷。第三，它必須符合倫理與社會的標準。換句話說，衡量興趣良莠的標準，即視興趣是否有效的生長；有興趣而無生長，是放縱而不是興趣。

至於強化興趣的方法，克氏認為最重要的是要基於生活的觀點，將學習與生活打成一片。為培養學生的興趣，克氏提出「直接興趣」與「間接興趣」的問題。他說，雖然學生一開始對於教材本身沒有興趣，僅以之為實現另一本身有興趣之事的手段而學習。只須兒童所學習的教材，成為實現兒童所成興趣的活動之必要手段，那麼，兒童因為對於目的有興趣，也就自願學習為求達到目的所採用的手段。興趣的培養可分為兩個階段：首先由間接興趣而增廣興趣之範圍，以培養更多的新興趣；其次把各種間接興趣發展為直接興趣，使學生對於達成目的的手段，亦能直接發生興趣，不能讓興趣的生長僅停滯於間接興趣的階段。除此之外，我們應瞭解學生興趣的範圍與興趣的久暫，並善加利用。

五、對後世的影響

實用主義影響了美國教育的課程分配時間、以活動代替課

堂、選修制以及學分制等等的教育措施。

　　克氏於一九三八年自哥倫比亞大學退休之後，一本初衷從事著書立說，繼續發揮其影響力。一九六五年二月十四日，這位畢生致力於教育革新的大師與世長辭，享年九十有三。修齡碩學，立德立言，克氏當之無愧矣。

重要著作：

一九一二年　　《新尼德蘭和殖民時期紐約的荷蘭語學校》

一九一四年　　《蒙特梭利制考察》

一九一六年　　《福祿貝爾幼稚園原理的批評考察》

一九一八年　　《設計教學法》

一九二三年　　《教育哲學參考資料》

一九二五年　　《教育方法原理》

一九二六年　　《為變化中的文明服務的教育》

一九二八年　　《我們怎樣學習》（與 Masom Ollcott 合作）

一九三〇年　　《我們的教育任務》

一九三二年　　《教育與社會危機》

一九三三年　　《教育方法原論》

一九三六年　　《課程的改造》

一九三六年　　《面向民主的集體教育》

一九四一年　　《自我和文明》

一九五一年　　《教育哲學》

一九六一年　　《教育學原理》

一九九二年　《教學方法原理：教育漫談》

參、羅素（B. A. W. Russell，一八七二至一九七○年）

一、時代背景

　　羅素，一八七二年五月十八日出生於蒙默思縣（Monmuothsh-ire，在威爾士）綽勒克（Trelleck）附近的鴉田（Rovenscroft，今名 Cleddan Hall）。

　　羅素出生的這一年，它的祖國（英國）是一個擁有比本國大一百多倍的殖民地的國家，就是所謂「日不落國」。

　　在羅素所生活的近一世紀中，整個世界，也像英國一樣發生了急劇的變化。羅素不僅受到兩次世界大戰的考驗，親眼看到了世界在政治、經濟和社會生活方面的變遷，也觀察到了人類在文化、科學技術和哲學思想方面的發展和演化過程。

二、生平事蹟

　　羅素是二十世紀聲譽卓著、影響深遠的思想家之一。他一生中完成了四十多部著作，涉及哲學、數學、科學、倫理學、社會學、教育、歷史、宗教以及政治等各個方面。羅素的首要事業和建樹是在數學和邏輯領域，對西方哲學產生了深刻的影響。一九五○年，羅素獲得諾貝爾文學獎。

　　羅素的祖父在維多利亞時代曾兩度出任首相。父親 Viscount

Amberley是一名無神論者。羅素的母親Kate Stanley也出身貴族，她在羅素兩歲時便去世了；兩年後，羅素的父親也去世。羅素與其兄長法蘭克（Frank Russell）由祖父母撫養長大。羅素是輝格（Whig）黨家庭的次子，他的教父是哲學家 John S. Mill。羅素未進學校，祖母為他聘請德、法等外籍家庭教師教他讀書，在大宅中，沒有玩伴、沒有歡笑，童年的羅素常常想自殺。至於多年以後提起，說他的童年「大致快樂」，顯然不是他當時的直接想法。祖母曾在他十二歲生日時贈給他一本《聖經》，書的扉頁上題寫著「勿隨眾人作惡」（Thou shalt not follow a multitude to do evil），這句話成為羅素一生道德上的座右銘。

十一歲那年，羅素的哥哥法蘭克放假回家，教他歐式幾何——他在數學中找到了快樂，不僅不再有自殺的念頭，而且成為世人皆知的傑出數學家；但他之所以能成為傑出的數學家，一方面固然是由於其數學家的頭腦，而另一方面，在數學上，他卻亦是有相當的素養。但學了不久，他便對歐幾里得幾何的第一條定理產生疑問。羅素的問題是：歐幾里得堅持他所認為真的東西，必須視為自明之；但這些東西又如何能被證明它們是自明之理？

多數英國的貴族弟子，在中學時代，不進哈魯（Harrow）便進伊登（Eton）；在大學時代則不進「牛津」便進「劍橋」；「羅素」亦未能例外。羅素十八歲那年（一八九〇年），考取了「劍橋大學」的「三一學院」，羅素進入劍橋大學三一學院學習哲學、邏輯學和數學，一九〇八年成為學院的研究員，並獲選為英國皇家學會成員。而他後來不待走出「劍橋」的大門，便已成

為著名的學者了。羅素在劍橋所研究的是數學與哲學。據比羅素小四歲的英國史學家屈範陽（George Macaulay Trevelyan）說：他初進「三一學院」時，便與同學院的老大哥們，如羅素等住在一個宿舍裡，每天晚上聽到羅素和懷海德（Afred North Whitehead，一八六一至一九四七）等討論一些抽象的哲學問題；他當時對羅素等的辯論雖不甚了然，然而他卻能嗅到一種氣味；這種氣味使他感覺到，一個哲學史上新的學派將要誕生了 [125]。

　　羅素在一八九四年結束了他「劍橋」的學程不久，便繼麥塔加氏而成為「三一學院」哲學講師。畢業後，便跟他十七歲就認識的愛麗絲·皮爾索爾·史密斯（Alys Pearsall Smith）結婚。這段婚姻在一九一一年宣告結束。主要是因為羅素的不專情。在「劍橋」任教期間，羅素生命史上曾發生一件大事；這一件事，便是他於一九○○年時參加在巴黎召開的國際哲學討論會。羅素在那年是二十八歲，時正當其在學術研究上接近成熟之期。那次與羅素相偕前往巴黎參加數學會議的，還有他的朋友、也算是他的老師懷海德氏。兩人在數學研討會議上遇見了近代的卓越數學家皮阿諾（Peano）氏；他們在會議中及會後曾縱談數學問題。皮氏於討論時，設辭精美絕倫，而論證方式更是嚴謹周詳。與皮氏的這次會談，乃使懷海德和羅素二人大受其益，而二人之中，尤以後者為然。懷海德與羅素自與皮阿諾一會之後，其共同興趣遂更進一步。這一共同興趣發展的結果，遂使他們合著《數學原理》（*Principia Mathematica*）一書。

125 屈氏所注：《一個史學家的自傳》（*A Historian's Biography*）

羅素一生是以著述為其生命；然而若非如此，則他對世人的影響亦不能達到他所可能達到的最高峰。羅氏一生之所以著述特多，主要的原因固然是由於他有那麼多的意見要發表；而他在劍橋的講師職位被革除，亦未始不是一重要原因 126。羅素的著作可以粗略地分為：(1)學術性的著作或哲學（即邏輯）方面的著作；(2)有關社會思想或社會改造問題的著作；(3)有關國際政治的著作；(4)屬於文學方面的著作。

一九一六年羅素因為反戰活動被罰款，並免除三一學院教席。一九一八年他在倫敦發表八次關於邏輯原子論的演講，承認他的學生維特根斯坦對他的影響。但同年因反戰而坐了六個月的牢，並在獄中完成《數學哲學導論》。一九二〇年羅素訪問俄國和中國，並在北京講學一年。一九二一年，羅素與前妻離婚後與朵拉·勃拉克（Dora Black）結婚，他們育有兩個孩子。這期間羅素已經因為參與反戰活動而被校方開除，他透過出版各種有關物理、倫理和教育方面的書籍謀生。一九二七年夫婦倆共同建立了一所教育實驗學校畢肯山學校（Beacon Hill School）。一九三一年羅素的哥哥去世，羅素繼承爵位，成為羅素伯爵三世。

羅素和朵拉·勃拉克的婚姻，也很快因他與一位美國記者的一段婚外情而告終。一九三六年羅素再與一名牛津大學學生派屈西亞·史本斯（Patricia Spence）結婚，他們最初是在一九三〇年認識的，兩人也生有一個兒子康拉德（Conrad）。一九三九年羅

126　Russell, Bertrand. (1959). *My Pilosophical Development*. London: George Allen & Unwin Ltd,1959 P.13

素搬到美國，到加利福尼亞大學洛杉磯分校講學，並很快被任命為紐約城市大學教授。但是當這個消息一曝光，地方法院就取消了他的教授資格，認為他在「道德上」無法勝任教授一職。一九四○年，在哈佛大學開設「威廉・詹姆斯講座」，題目是「意義與真理探究」。在紐約市立大學引起一場風波，發生「羅素事件」。他在一九四四年回到英國，並重新執教於三一學院，講授「非論證性推理」。一九五○年獲得諾貝爾文學獎金，赴歐洲講學。

　　一九五二年羅素再度離婚，和一名美國的英語教授結婚。一九六○年代，羅素出版了自己的三卷自傳，並曾參與了甘迺迪遇刺事件的調查。一九六一年因為反對核武被捕，被監禁七天。一九七○年去世，骨灰被撒在威爾士的群山之中。他的爵位由其與朵拉生的兒子約翰・康拉德・羅素繼承，為羅素伯爵四世。羅素伯爵四世於一九八七年去世，爵位由羅素的小兒子康拉德・羅素繼承，為羅素伯爵五世，這位羅素伯爵五世是位受尊敬的歷史學家以及英國上議院議員。羅素伯爵五世於二○○四年十月去世，爵位由一九六八年出生的兒子，也就是羅素的孫子，尼古拉斯・羅素繼承，為羅素伯爵六世。

三、哲學思想

(一) 羅素的哲學發展階段

　　羅素在《我的哲學發展》（*My Philosophical Development,*

1959）的第一章內有簡略的敘述。他認為在一八九九至一九〇〇年，他採取邏輯原子論（logical atomism）及皮阿諾之數學邏輯技術的時候，這在他的思想上可算是一種革命，而以後的思想變化，則是進化而非革命。依此敘述，他的思想進展，約可分為以下之階段：

1. 第一階段

這是幼年期，未進入大學前獨自在家苦思的時期，而所思者多為宗教上及數學上的問題。他反宗教的態度，在這一時期已奠定了。

2. 第二階段

這是青年期，也是羅素在劍橋大學讀書的時期。在這一時期，他首先相信唯心派康德以及黑格爾之說，後則和摩耳（G. E. Moore）一同反對唯心派。他認為唯心派所信者為「關係內在說」（Theory of Internai Relations），即視兩端之間的關係，乃由兩端的性質及其全體的性質而構成。這就是說，關係內在於端，而離不了端及其全體。反之，他卻相信「關係外在說」（Doctrine of External Relations），即視關係性並不蘊涵其端的複雜性，且一般而言，並不等於全體的任何性質。這就是說，關係可離端而存在。

3. 第三階段

這是羅素所自稱思想上的革命時期。這是在一九〇〇年，他參加巴黎世界哲學會議遇見義大利數學家皮阿諾之後。這時期他相信邏輯原子論，且運用皮阿諾數學邏輯上的記數，和懷海德合寫《數學原理》的鉅作，奠定了他在學術上的地位。

4. 第四階段

這可以說是羅素的興趣，由數學轉至自然世界，即知識論的時期。這是在一九一〇年寫完《數學原理》後，至一九一四年的階段。在這階段內，他受了懷海德影響，相信構成物理世界的原案，不是點和瞬（points and instants）而是「事素」（events）。同時，他又受了詹姆士（William James）的影響，不相信知覺為主客之間的兩端關係，而放棄「感覺資料」（sense-datum）之說。他自認為是「他的哲學遭受其最後本質的改變。」[127] 什麼是「本質的改變」？他並沒有說明。而事實上他的邏輯原子論，轉而相信「中立一元論」（neutral monism）。

5. 第五階段

這是羅素興趣轉移到語言問題的時期。他自己說約從一九一七年始，開始注意語言與事實間的關係問題。這個問題有兩部分，一為關於單字，一為關於文法。關於句法，由數學邏輯所引

---

127 同註 126，P.14

起的矛盾，而使羅素注意句法。關於單字，則由探究知識之行為
主義的解釋所能的程度而被注意。因此，羅素曾極度注意知識論
之語言方面的問題。無疑一方面是受了邏輯實證論的影響，一方
面又受了行為學派心理學的影響。但羅素並不贊成視語言為獨立
的領域。他認為語言的重要是「在它有意義，這即是和自身以外
之某物有關，而這一般而言，是非語言的。」[128]

6. 第六階段

這可以說是羅素晚年的階段，也是他寫《人類知識》（*Human Knowledge*）一書的階段。在這時期的羅素所注意到的問題，
為非證明的推理（non-demonstrative inference）的問題。他反對經
驗主義的主張，視這種推理的根據在歸納法。他認為歸納不足為
科學的前提，我們必須在歸納原理之外，另覓前提。

（二）哲學萌芽

羅素哲學思想在其萌芽過程中，是受到一系列主觀方面和客
觀方面的因素決定的。這些主、客觀的因素包含：一是羅素本人

---

128 羅素被迫脫離教授生活，結果反而致其著作的產量增多，理由是：
第一、他脫離了學院生活及教授生活，因此他乃能有較多的時間從
事著述。第二、他的著述既已經增多，因而他的收入自然也隨之增
多；就有較多的收入，因此他能獲得較多的條件，作為蒐集材料之
用；如此，則使他從事著述的條件大大地提高了。第三、他因沒有
固定的學院之牽連，因此，他乃能自由到各國各地旅行和演講；如
此，使他有更多意見發表。

的特殊思維習慣；二是羅素的家庭所恪守的「貴族自由主義傳統」；三是十九世紀末的科學技術新成果；四是英國語文於西歐社會，在十九世紀八○年代後的結構上的變化。

使羅素成為一個傑出哲學家的決定性原因，是他本人能在一生中始終都保持著敏銳的觀察力、永不滿足的求知欲以及嚴謹的思維習慣。羅素自己曾經說過：「打從我童年開始，我的生活中真實的部分一直是為追求兩個目標而做的努力。……這兩個目標是：追求那些仍在未知世界裡，但可因探討而瞭解的事物；以及為創造更幸福的世界必須做的、最善的努力。」[129]這兩個目標使羅素畢生為建立以科學真理為基礎的哲學，和以對全人類命運的善意同情為基礎的社會政治倫理思想而奮鬥。

羅素自己說過：「我們所說的哲學人生觀和世界觀乃是兩種因素的產物：一種是傳統的宗教與倫理觀念，另一種是可以稱之為『科學』的那種研究（就科學這個詞的最廣泛的涵義而言）。甚至這兩種因素在哲學家的體系中所占的比例如何，則各個哲學家大不相同；但是唯有這兩者在某種程度上同時存在，才能構成哲學的特徵。」[130]

羅素的哲學是有生命的。這就是說，它有發生和發展的過程。羅素的哲學是流動的，他曾經形容自己的哲學發展過程像一

129 Russell, Bertrand. (1956). *Portraits from Memory and Other Essays*. London: G. Allen & Unwin.

130 Russell, Bertrand. (1984). *A History of Western Philosophy*. London: Unwin Paperbacks.

條河流。哲學這條河流，在其發源地時，是細小的泉源；它們發展於不同的哲學山嶺，然後慢慢地匯集成溪。在它流動的過程中，不斷地吸引它所流經的各個地區所提供的豐富養料，迅速地成為一條小河，慢慢匯聚成大河。

據羅素自己說，他的父母雖然在他三歲以前都去世了，但他們所崇信的穆勒哲學對他的影響很大。穆勒的自由主義政治觀點和經驗主義哲學觀點，是羅素哲學的來源之一。他出生不久，他的母親就請穆勒做羅素的教父。從小到大，穆勒的哲學像魔力一樣，一直纏繞著羅素的思想。羅素也和穆勒一樣，特別重視感覺材料（Sense-data），即人對這些材料的描述。羅素承繼了穆勒的經驗主義哲學、邏輯和社會政治思想，並把它們同十九世紀末的科學技術成果結合在一起。變成了羅素自己所創獨具風格的分析哲學、數理邏輯和社會政治思想。

羅素在年幼時期，曾接受過兩位極強烈自由主義思想和無神論思想的家庭教師的教育，這兩位家庭教師是羅素的父母選定的。但不久之後，羅素完全由他的祖母約翰‧羅素夫人嚴加管教。

羅素的祖母向羅素灌輸的是老式的清教徒主義（Puritanism）和現代的自由主義思想結合的人生觀。羅素的祖母先後請來了兩位德國籍和瑞士籍的自由主義人士做羅素的家庭教師。他們向羅素教授各種現代科學知識。除了家庭教師外，在祖父家裡的羅素叔叔也是羅素幼年時代的熱情的啟蒙者。他曾經按照聖經的押韻寫法，寫出一首讚美上帝的頌詩，其中引用了不少科學概念（例

如：大氣壓力、原子和以太等等），向羅素傳授了自然科學知識。

　　由於羅素幼年失去父母，又沒有同年齡的兒童與他作伴，他生性孤僻。他的孤獨使他有更多的機會進行獨立思考，思索各種事物。特殊的家庭教育——自由主義、現代科學的啟蒙教育等等——使他從五歲開始萌芽了獨特的思維方式，這種方式的特點就是懷疑一切未被證實的事物。

　　羅素對於傳統信仰的懷疑，最早的紀錄是在他五歲的時候。那時有人告訴他地球是圓的，他並不立刻接受這種結論。為了驗證這個結論是否正確，他獨自一人跑到花園裡，開始挖一個洞，為的是想看看是否能貫通到另一半球的澳大利亞。還有一次，有人告訴他：當他睡著時，天使在他旁邊守護著他，他不相信，說到：「我從沒見過祂們呀！」當別人告訴他說：天使們是在他睜開眼的剎那走開的，他便決定故意閉眼裝睡，然後突然張開眼睛，並用手去抓，但結果什麼也沒有看見，什麼也沒有抓到。這些發端於五歲兒童的懷疑主義和強烈的求知欲，後來被證明是羅素的哲學思想的胚芽。他在自己的《回憶集》（*Portraits from Memory*）中說，他首先以「智慧」的名義反抗一切傳統觀念的束縛，不滿足現成的答案，以懷疑的態度追求真理。逐漸地，羅素對家裡的科學觀念表示不同意。當他一次又一次地向家人提出具有深奧的哲學涵義的問題時，他的家人總是不以為然地對他說：「什麼是精神？無關緊要，什麼是物質？無所謂。」（What is mind? No matter. What is matter? Never mind.）羅素說他從小養成了一種追求真理的習慣。「我愈是對一件事感興趣，便愈想瞭解

有關它的事實與真相，儘管這些事實與真相，可能使我感到不快。」[131]

羅素在描述自己為什麼走上哲學家的生涯時說，從童年時期起，使他一步一步地接近哲學的王國，有兩方面的思路：是羅素的家庭教育和社會環境，在無形中影響著他的結果。

羅素從學會思想的時候開始，就感受到自然科學，特別是數學所遵循的原則的普遍有效性。數學的普遍有效性並沒有使他盲目地崇信數學的規律；相反地，引起了他更深入的思索：為什麼數學的原則具有普遍性？像「二乘二等於四」的普遍原理，在許多人看來是不容置疑的。但對羅素來說，當他第一次接受數學某些原理的時候，首先要發問「為什麼」。數學愈是表現出普遍有效性，他愈是要探討它的普遍性的根據。十九世紀下半葉，人類科學的技術成果，直接影響羅素的最初的哲學思想。他發現，數學的精確性和普遍性，恰恰是探索世界本質和認識世界真理最可靠的出發點。但是，正由於它要成為真理的出發點，所以，就愈要弄清楚數學原理的奧祕。

羅素哲學上最大的貢獻，是和摩爾一起創立了分析哲學，此外他還在認識論、形而上學、倫理學、政治哲學和哲學史方面有過貢獻。在劍橋大學時，羅素信奉唯心主義和新黑格爾主義，但是在一八九八年，在摩爾的影響下羅素放棄了唯心主義，轉而研究現實主義，並很快成為「新現實主義」的倡導者。羅素此後始終強調現代邏輯學和科學的重要性，批判唯心論。

---

131 同註 13。

在倫理學和道德方面，羅素持的是開放態度，認為過多的道德束縛，是人類不幸的根源，道德不應限制人類本能的快樂，因此提倡試婚、離婚從簡和節育等，認為未婚男女在雙方都願意的情況下，發生性關係並非不道德的行為，這種觀點使他在美國遭到激烈抗議，最終還導致他失去了紐約城市大學的教授職務。在教育方面，羅素認為學生的言行舉止不應受到約束與限制。

(三) 分析哲學的基本方法

現實世界是多種多樣的、真假不分的、黑白顛倒的。問題不在於世界本身，而是在於我們自己是否掌握了真正的科學哲學。

羅素認為，為了解答這世界上究竟有沒有一種或一系列關於世界事務的準確認識，我們必須深入地研究哲學。為了解決這個問題，他向我們提供了一整套哲學的理論與方法。其中一個方法是最基本的，這就是「奧康式解剖刀」，使用它，可以使我們排除感官材料中，一切假的、不精確的、不可考的因素，剩下那些最必要的、最精確的成分。

羅素說：「只要有可能，邏輯結構就應該取代推理的事物。」也就是說，認識邏輯結構就是認識事物的真相、事物的本質，並排除了一切外在的、干擾性的因素。我們在重建一個自己對某一事物的概念時，這一概念必須是最「純潔的」；也就是說，必須排除一切「不必要」的因素，如果我們排除的因素是對的，且排除的愈多，我們犯錯的可能性愈小。

(四) 數學哲學

羅素後來自貶為「除了完全胡說八道以外，一無所有」[132] 的《幾何基礎論》[133] 出版以後，花了兩年的時間，準備寫另一本類似的書，為物理找基礎。要寫「物理學基礎論」，首先要解決「數學基礎」的問題。但是，他查遍各大圖書館，居然連一點這方面的文獻也找不到。迫不得已，他只好親自動手，先寫一本談「數學基礎」的書。

二十世紀初，集合論出現了很難解決的「逆說」（paradox）。其中一個是一九○二年由羅素所提出的，我們可以在這裡複述：集合的元素可以也是集合，有些集合可以以其本身為元素，例如：如果以所有集合為元素所成的集合 U，便符合 $U \in U$ 的條件。但一般的集合，例如：中央大學的所有同學的集合 V，便不是它本身的元素（$V \notin V$）。現在我們用 A 表示所有不以本身為元素的集合所成的集合，即若 $X \in A$，則 X 是一個集合，且 $X \notin X$，現在我們問 $A \in A$ 是否成立。若 $A \in A$，是 A 具有 A 的元素的性質，即 $A \neq A$ 了。這是矛盾；反之，若 $A \notin A$，則 A 不具有 A 的元素的性質。這便是說 $A \notin A$ 不成立，這也是矛盾。但 $A \in A$ 和 $A \notin A$ 二者之一必成立，所以矛盾是躲不掉的，這樣就形成了「逆說」。

---

132 同註 126，P.32

133 Russell, Bertrand. (1996). *An Essay on the Foundations of Geometry*. New York: Routledge.

這樣的逆說造成數學界的大震撼，因為整個數學的建構是以集合論為基礎的。所以數學需要重建，第一步便是重建集合論，這就是二十世紀上半葉很多數學家和數理哲學家所做的工作。基本上，問題出在 Cantor 給集合所下的定義不夠嚴謹，我們必須重新出發，把集合與整數等觀念看成紙上的符號，再說明哪些符號串有意義，在有意義的符號串上允許哪些變換等等。這樣便可以把上述各種逆說的問題同時解決。

羅素發現「新」集合可分為兩種：一為其本身分子的集合；另一為其本身也是分子的集合。

O 是否為 O 的分子？

分而言之，假定 O 是 O 的分子，那麼 O 就是普通集合；但是，普通集合都不以其本身為分子；所以，O 不是 O 的分子。

然後，假定 O 不是 O 的分子，因為它不是它自己的分子，所以，O 還是普通集合，所以 O 是 O 的分子。

總而言之，如果 O 是 O 的分子，則 O 不是 O 的分子；而且，如果 O 不是 O 的分子，則 O 是 O 的分子。

(五) 形上學

一九一〇年代中期以後，羅素始終自稱「邏輯原子論者」（logical atomist）；強調「邏輯為哲學的本質[134]」，他說：

我認為，邏輯是哲學中基礎的（東西），學派應以它們的邏

---

134 Russell, Bertrand. (1929). *Our Knowledge of the External World*. New York: W. W. Norton & Company. P.33-35.

輯——而非它們的形上學——為別。我自己的邏輯是原子的，這方面是我要強調的。所以，我寧可稱我的哲學為「邏輯原子論」。而不叫作「實在論」——不管冠以或不冠以某種形容詞[135]。

談到他取名「邏輯原子論」的理由，羅素說：「我稱我的學說為『邏輯的』原子論，是因為，我分析到最後所剩的——我要達到的原子是邏輯的而不是物理的。有些邏輯原子我將之稱為『分殊』（particulers）——諸如小色塊、音響或瞬間事物之類的東西；有些將是述詞、關係等等。現在的關鍵是，我要達到的原子是邏輯分析的原子，不是物理分析的原子[136]。」

依西方形上學之主流傳統，凡探討實在（reality）之基本結構的理論，就形上學。儘管羅素不喜歡他的理論歸類為形上學，但是，邏輯原子論既然是討論實在之基本結構的，所以，邏輯原子論就是他的形上學。

首先，像維根斯坦（Cf. Wittgenstein）一樣，羅素從「世界含有事實」開始；不過並未給事實（fact）下定義。他只是解釋，事實是使命題非真即假的那種東西。例如：說「蘇格拉底是死的」，這個陳述句之所以為真，是因為從前發生於希臘的一件生理事實使然；「二加二等於四」為真，因為有一算數事實與之對應。反之，同一生理事實和同一算數事實使「蘇格拉底是死的」與「二加二等於四」分別為假的。這必須強調，世界不是由分殊

---

135 Mind and Matter (1919-1926). *Essays on Language.* (Vol.9), 1988.

136 The Philosophy of Logical Atomism and Other Essays, 1914-19 (Vol. 8), 1986.

的東西（particular things——諸如蘇格拉底、太陽……）構成的。分殊的東西本身不能使命題非真即假。也許有人以為。在「蘇格拉底存在過」中，蘇格拉底那個分殊的東西使這個句子為真，但是，羅素認為這是出自於誤解，理由已在「記述論」中交代過了。儘管事實可以使陳述句、命題或判斷非真即假；但是，事實沒有真假之分，事實只是事實。說「真的事實」或「假的事實」都是錯誤的說法，因為真與假相關，使某一命題為真的事實，同時也可以使其他相關的命題為假。

四、教育思想

羅素是屬於二十世紀初歐洲新教育思想家之一，吸收了當時許多新興思潮或理論——尤其是佛洛伊德精神分析理論及兒童中心主義教育思潮的觀點，但他對任何一種理論、觀點的分析，並未全盤肯定或全盤否定，而是抽絲剝繭般地細緻分析，取其精華，去其糟粕，這使得作者的立場較為公允，並禁得起時間的考驗。

羅素本人沒有受過任何正規兒童教育，對這種教育之實務所知不多，自在意料之中。儘管如此，基於他對人性（humanity）的理解，就他所研讀教育倫理家和實物教育家的著作之所得，他認為，父母和教師固然以他們自己為中心，不曾為兒童的真正需要著想；主管教育機構之政府和教會，更有他們各自的目的，學校淪為加工廠，兒童不過是加工廠的產品而已。早在一九一六年，他在《社會重建原理》一書中，就設有一章專門討論了教育

問題。在此書中，他就從改造社會的需要，論述對透過教育改造人性的問題。

但是，在一九六一年，羅素的教育觀剛剛初具規模。到了二〇年代，他的哲學思想在社會實踐中得到了發展。他本人對社會的見解也進一步深刻化。除此之外，他在一九二一年有了第一個孩子，接著，一九二三年他又有第二個孩子。他對兒童教育的興趣隨之增加。在上述綜合背景下，他在一九二六年寫了一本《論教育，特別是兒童教育》（*On Education, Especially in Early Childhood*）。接著，在一九三二年寫《教育與現代世界》（*Education and the Modern World*）和《教育與社會秩序》（*Education and the Social Order*）這幾本論教育的專著，把羅素原來已初具規模的教育思想進一步發展起來。他逐漸成為了教育界主張用科學的教育方法代替填鴨式教育方法的學者中，一個強而有力領導人。

羅素教育觀的基礎，乃是他的「衝動論」。既然人性中本能地存在創造的衝動和占據的衝動，那麼，教育目的就是要發展有益於社會的創造衝動，創造的衝動代替占據的衝動，在此基礎上，像青少年施給有益的自然科學知識和其他文化知識。但是，給予知識的目的，歸根結柢，不是讓學生記住那些已得出的結論，而是在此結論的基礎上進行獨立思考，進行創造發明，所以，為了達到上述教育目的，要培養學生自由思考和獨立創造的能力與習慣。

因此，羅素的教育方法遵循著四條原則：

(一) 自由思想

　　羅素說，小孩子在長知識的時候，根據心理學的研究成果，應該讓他們做到口不擇言的程度。因為唯有在口不擇言時，他們才會自由地思考。羅素相信，用蒙蔽政策對付孩子，不許他們講出他們想講的話，反而會導致精神控制和混亂。語言是表達思想的，語言活躍，代表思想活躍。有時候小學生說一些不好聽的話或說錯話，這恰恰告訴老師：學生需要教育。教師應該樂於看到自己的學生暢所欲言，不能以說話的正確與否或是否符合道德標準，來衡量學生受教育的效果。自由地說話、自由地思想乃是施教的基礎，同時，也是使學生走上正確的生活道路和接受正確教育的起點。

　　為了鼓勵學生自由地思想和自由地說話，不應懲罰那些說壞話的學生，不應鼓勵「綿羊式」的學生。

(二) 啟發式教育

　　現代教育的目的，是要培養學生的創造性，而不是讓他們墨守成規，死背書本，停留在老師和前人的結論上。亞里斯多德是柏拉圖的學生，但他並不是事事都信奉柏拉圖。亞里斯多德曾說：「雖然柏拉圖和真理都是我所尊重的，但神聖的職責使我更尊重真理[137]。」既然教育不是為了使學生停留在現有的知識水平

---

137 亞里斯多德（Aristotle）著，苗力田、徐開來譯（2001）。亞里士多德：倫理學。台北：知書房。

223

上，那麼，在羅素看來，更重要的是啟發學生正確地認識世界，啟發學生對現有知識發出懷疑，啟發學生進行新的創造發明。

所謂啟發，並不是不給學生傳授以往的知識，而是使他們懂得這些知識是怎樣獲得的，懂得其中基本的精神。所謂啟發，還包含著正確的引導在內。也就是說，讓學生在現有知識成果的基礎上，繼續沿著正確的思路去發現問題、探索問題。羅素強烈地譴責填鴨式的教育，他把這種教育比作中世紀所實行的蒙昧主義教育。他甚至懷疑那些熱衷於填鴨教育的人們是不是「知識的騙子」，因為他們顯然是讓學生不懷疑他們知識的真偽，顯然是害怕學生的獨立思考。

(三) 以觀測為基本手段

羅素認為，教育，特別是對幼兒和兒童的教育，要以觀測、直觀去考察的方式，為主要方法。要使學生用親身的試驗和各種實踐，去體驗和領會各種知識。他說：「對於現代的教育工作者來說，顯然，所有的物質，事實都是由觀察（observation）來確定的，而不是透過聽取古代威權的教誨來確定。但這是完全嶄新的認識，在十七世紀以前是難以實行的。亞里斯多德曾經認為，婦女的牙齒比男人少，雖然他結過兩次婚，但他一次也沒叫他夫人張口，透過自己的親眼觀察證實自己的上述理論。他還說：『如果小孩子是在颳西北風的時候懷胎的話，就比較健康。……』」[138] 羅素諷刺了被人稱為「聖人」的亞里斯多德。在羅素

---

138 Russell, Bertrand. (1952). *The Impact of Science on Society*. London:

224

看來，否認觀測在認識過程中的作用，連聖賢也會走向荒謬。因此，拋棄感覺直觀和觀測，就不能使學生接受真理，也不能使他們學會正確地認識事物的基本方法。

(四) 因材施教

羅素在《教育與社會秩序》一書中，主張對學生施行有區別的教育，他認為因材施教很重要。他說，把所有的孩子都送入同樣的學校，給他們同樣的教育是錯的。羅素認為，法國由於這個緣故，理智和藝術才能都比其他國家更能自由地發展。相反地，羅素認為，他在美國所看到的那種大集體的教育方式，卻造成了教育品質的普遍降低。羅素還抨擊了教會對學校教育事業的破壞作用。他說，學生本來就有強烈的追求真理、愛好科學的好奇心。但現在教育卻要束縛兒童和學生的這種好奇心，不讓他們多問、多看、多想。他說，這種摧殘兒童好奇心的教育，往往是出自政治的、宗教的或是道德的動機。「而這一切的根據，實在都是從根深柢固的現實世界的恐懼心出發的。正統教派的觀念似乎認為上帝造了世界，世界是很可怕的，因此，我們對世界的知識愈少愈好。」[139]

The Royal Sciety of Medicine.

[139] 羅素：《兒童時代的言論自由》

五、評論

(一) 影響

1. 數學邏輯的創立不僅打破了二千多年來傳統的亞里斯多德邏輯的體系，也開闢了哲學認識論（Philosophical Epistemology）與邏輯相結合更廣泛的領域，使哲學研究能藉助於邏輯的力量向縱深發展。

2. 分折方法被羅素引進哲學以後，自二十世紀以來，分析哲學成為英國及其他英語系國家的主要哲學派別。

3. 羅素的實在論後來大大地影響了英國和美國的新實在論（Neo-Realism）哲學。

4. 羅素的啟發式教育，直觀考察論點及因材施教的教育觀，給予二十世紀的教育發展產生莫大的影響。

(二) 羅素的重要著作 140

一九一一年　《數學原理》
一九四六年　《羅素精選集》
一九五〇年　《二十世紀哲學》
一九五五年　《西方哲學史》

---

140 http://zh.wikipedia.org/wiki/%E4%BC%AF%E7%89%B9%E5%85%
B0%C2%B7%E7%BD%97%E7%B4%A0
http://tw.knowledge.yahoo.com/question/question? qid=1508030709733

一九五六年　《世界之新希望》

一九五八年　《相對論入門》

一九五九年　《社會改造原理》

一九六二年　《科學對社會的影響》

一九六三年　《哲學大綱》

一九六六年　《婚姻與道德》

一九六七年　《人類的命運》、《羅素回憶集》、《羅素哲學述論》

一九六八年　《羅素算理哲學》、《羅素論文集》、《哲學與科學知識》

一九六九年　《論科學》、《羅素最佳文選》、《杜威、羅素教育講演選粹》

一九七〇年　《社會重建原理》、《科學觀》、《權威與個人》、《心的分析》、《算理哲學》、《羅素雜文集》

一九七一年　《中西文化之比較》、《科學、哲學與相對論》、《自由與組織》、《當代領導性思想家》、《哲學中之科學方法》

一九七二年　《羅素書簡》

一九七三年　《羅素哲學傑作精選》、《中國問題》

一九七四年　《羅素電視對話錄》、《羅素權力論》、《我為什麼不是基督徒》

一九七五年　《權力的欲望》、《宗教與科學》

一九七六年　《羅素論快樂》、《西洋哲學史：及其有關的政治

與社會環境》

一九八一年　《危機時代的哲學》

一九八四《羅素短論集：一九五○年諾貝爾文學得主羅素七十八
篇精闢短論集》

一九八六年　《西方的智慧》

一九八七年　《幸福之路》、《快樂是什麼？：飛越憂鬱做個快
樂的現代人》、《懷疑論集》

一九八八年　《羅素論中西文化》

一九八九年　《婚姻革命》、《權力論》、《我的信仰》、《羅
素自傳》

一九九○年　《我們關於外間世界的知識：哲學上科學方法應用
的一個領域》

一九九一年　《教育論》

一九九七年　《哲學問題》

一九九九年　《相對論 ABC：哲學家羅素如何闡述愛因斯坦的理
論精華？》

肆、斯普朗格（Eduard Sprange，一八八二至一九六三年）

一、生平事蹟 [141]

　　一八八二年斯普朗格生於柏林的郊區。他是獨生子，父親是

---

[141]　http://www.nioerar.edu.tw/basis1/693/a51/htm

個玩具商人，因此從小置身於各式各樣的玩偶及玩具世界中，度過了相當富於幻想的童年生活。當時柏林的氣氛——那位威廉老皇帝、鐵血宰相俾斯麥、穿著花花綠綠的軍服做閱兵行進的部隊、興盛的藝術以及老式的柏林市民等等——在斯普朗格的小心坎裡，自然留下了深刻難忘的印象。在十二歲的時候，他離開重視現代外國語文科的實科中學，轉入一個僧院附設的、重視古典語文的高級文科中學。青少年們有時難免輕狂：斯普朗格在鋼琴課方面稍有一點進步，而且剛開始學作曲，便立志要成為音樂家。但是，他終於放棄那種青少年常有的、一時的輕浮的志願，深下決心將來要學哲學。一九○○年進入大學之後，斯普朗格受教於好幾位名師，其中包爾森為他奠定了良好的學術基礎，而生命哲學家迪爾泰的思想，則引起了他莫大的注意與興趣。當時的大學與現在的大學不大相同，在比較短暫的學程裡，大學生可以直接攻讀博士學位；在第三學期時，迪爾泰給了斯普朗格過分困難的學位論文題目，以致使只有十九歲的斯普朗格由於用功過度，心身交瘁，患了嚴重的神經衰弱症。迪爾泰與斯普朗格的關係，便因這不愉快的事件的發生而中斷。加之，家道日衰大大地影響了斯普朗格的情緒。但他終於振作起來，改換了論文題目與指導教授。一九○五年，在包爾森與史頓富的指導之下獲得哲學博士學位。

　　從一九○六年起，斯普朗格一方面在一所私立女子學校兼課，以維持生活；另一方面開始撰寫學術論文，題目是「洪堡德與人道理念」，希望取得大學教員資格。由於所撰論文，得到迪

爾泰與里爾的賞識，也促成了斯普朗格與迪爾泰的言歸於好，前
嫌盡棄，重新建立起友好的關係。也由於這部著作的成功，斯普
朗格才能夠認識里爾。一九〇九年夏天，斯普朗格走馬上任，當
了柏林大學的講師。

　　一九一一年，萊比錫大學聘請斯普朗格擔任哲學與教育學的
教授。他開了有關文化哲學，以及把重點放置在系統的、歷史
的、與青年期心理學的教育課程。授課之餘，他埋首研究人生的
型式問題。一九二〇年春天，斯普朗格回到柏林大學繼任里爾教
授的講席。一九二三年，他當了擁有大約七十位教授的大學哲學
院的院長。一九二五年，他被選為普魯士科學院的院士。

二、關於斯普朗格 [142]

　　斯普朗格不是只顧埋頭看書著書，明哲保身、不問世事的學
者。只要有機會、有必要，他會毫無猶豫地獻身於實際的文化、
社會與教育工作。他終生都在注意教育從業人員作為國民應有的
政治與公共的義務。他不斷寫文章，做公開的建議，坦誠地陳述
意見。斯普朗格認為人們如無義務感或責任感，文化將會死滅。
第一次世界大戰後不久，斯普朗格早已指責德國知識分子缺乏責
任感，而強調政治教育的重要性。自從一九三三年德國納粹黨掌
握政權，斯普朗格看到了疏忽可能引起嚴重的後果。他的文化哲
學愈發傾向於成為一種文化病理學，特別著重探究文化的病態現
象。他萬分關心人類是否還能控制現代的文化過程。他反對文化

---

142 趙祥麟（1995）。外國教育家評傳。台北：桂冠。

走上機械主義與野蠻的道路。斯普朗格認為：只有具備良心、有責任感、肯為大我盡力的，個別的人所發揮的倫理力量，才能使文化走上正途。所以，他一再強調：新的文化責任與產自此文化責任的新教育為不可或缺。

斯普朗格是個好學不倦、治學嚴正、不投機取巧而「穩紮穩打」的學者。他不是屬於那種才華橫溢、心高氣傲的「天才」典型。雖然身體羸弱，過著嚴謹規律的生活，成為多產的學者，但也因此得享高年。他有高度的理智、清晰的思考力以及處變不驚與頭腦冷靜的天性。在他的內心深處，一直隱藏著普魯士的那種獻身的與履行義務的激情。這種激情就是他當仁不讓的個性與行為的動力。

斯普朗格不是在平靜安樂中一帆風順地度過一生。在學生時代與早期的教書時期，因為用功過度，神經緊張而損害了身心。在萊比錫與柏林時期，他與對立者及極端分子爭論鬥爭，弄得焦頭爛額。他蒙受兩次坐牢的恥辱，體驗到其他無數的挫折與失望的痛苦；但他沒有心灰意懶、自暴自棄。他總是不屈不撓，保持正直的生活態度與倫理道德的情操，繼續努力奮鬥。

斯普朗格有銳利、發亮的眼睛。他的聲音很輕，但清楚而穩定。雖然乍聽之下似乎有點單調，但有令人舒適、使人引起信賴與新鮮的感覺。學生每有困難，他總是以開朗的態度，帶著和藹的微笑，說出充滿幽默與真理的話語，使學生精神煥發，決心振作起來解決問題。斯普朗格「誨人不倦」，他認真地、不敷衍地對待個別的學生。即使談話的次數不多，談話的時間短暫，但能

給予學生豐富的啟示，建立了終生的師生關係。

在斯普朗格的晚年，凡是看到過他，跟他談過話，以及有來往的人，都有口皆碑地說到斯普朗格開明的態度。他的注意與興趣不在於固執與確保過去自己既定的立場或觀點，而一心一意想要繼續研究問題。可能是年事已高的關係，斯普朗格變得安靜，沉默寡言，稍嫌呆板，而且似乎有點繁文縟禮。但他總保持端正的儀容態度，注意禮貌，絕不隨便。遇事總是首先想到別人，考慮如何幫助別人。一九六三年，斯普朗格夫人去世，使他悲痛萬分。他覺得生命疲乏，自己已不屬於此世，感到有過夠長的時間盡他的義務，現在可以死而無憾。同年，他也步他夫人之後與世長辭，享年八十一歲。

三、哲學思想 [143]

人的心靈只有與文化接觸且進入文化諸領域的過程中方能發展，人不能完全由內部自行發展，而且文化只有透過人的接受、參與及負荷，才能被維持、發展與被創造。

四、學術思想 [144]

在過去，「教育學」這一門科目，雖然在大學裡被講授，但

---

143 楊人梗（1929）。文化哲學的教育思潮。教育雜誌，第二十一卷第二期。頁 17-27。

144 詹棟樑（1981）。斯普朗格文化教育思想及其影響。台北：文景。
田培林（1976）。教育與文化。台北：五南。
鄭重信（1963）。斯普朗格教育思想研究。台北：政大。

並不是重要學科。回到柏林大學之後，斯普朗格就建立了教育學在學術界的地位。他使「教育學」在哲學院裡成為獨立的、比其他學科毫無遜色的講座。

在柏林大學教書的第一個階段，斯普朗格完成了轟動世界的兩部著作：《人生之型式》與《青年心理學》。在《人生之型式》一書中，斯普朗格從文化與人的關聯來瞭解，作為全體的文化與作為其一肢體的個人。文化有國家、經濟、學術、藝術、宗教等領域的區分。人有追求各種價值的精神活動，由此相應地可將人分為理論型、經濟型、審美型、社會型、權力型與宗教型的人。但人與全體文化的關係，並不是完全相應的關係。因為一方面人的心靈只有與文化接觸且進入文化諸領域的過程中，才能發展，人不能完全由內部自行發展，另一方面，文化只有透過人的接受、參與和負荷，才能被維持、發展與被創造。在《青年心理學》一書中，斯普朗格敘述具體的人的心靈如何發展。這本書與《人生之型式》一書可以相互補充。它告訴我們：青少年的進入精神的、文化的世界與他們心靈發展過程交錯相連著。青少年的心靈發展不是自然科學的法則之生起現象，不是主要受生理或身體的影響或制約，而是與他們的一步步踏進知識的、社會的、政治的、宗教的世界有內在的關聯。教育的功能在引導他們進入此精神、文化的世界，而使他們的心靈得到適當的發展。斯普朗格不僅關心人的教育問題，同時對文化的問題寄予很大的關懷。所以，他終生不斷研究文化的結構與各種重要問題，而除了教育問題之外，還發表不少有關文化的本質、生成、構造、危機、挽救

等問題的著作。

五、教育主張 [145]

斯普朗格是文化主義的代表人物,同時也主張透過教育愛的師生互動,以傳承並創新文化。針對斯普朗格所提出的文化主義教育思想和教育愛的觀點分述如下:

(一) 教育目的

1. 文化傳承
   (1)把人類既有的「客觀精神」教授給下一代。
   (2)把前人遺留下來的「文化財」傳授給下一代,以便能夠涵養人格、傳承文化精神。

2. 文化創新
   (1)透過教育引導學生發展「主觀精神」,形成個別化潛能的自我實現,加以具體的創作。
   (2)教育的過程不能只是傳遞社會文化,更需要超越現實,創造更豐富的人生價值與意義。
   (3)因此,透過個體「主觀精神」不斷詮釋「客觀精神」,

---

145 張淳惠(2001)。斯普朗格的文化教育思想。教育研究(高師),第九期。頁 63-73。

麥馨月(2003)。斯普朗格的教育愛及其啟示。教育研究(高師),第十一期。頁 79-89。

王振宇(1999)。斯普朗格的文化教育思想及其對教育之啟示。教育研究(高師),第七期。頁 383-396。

而產生各種適合時代變遷的創作，文化的創新因而產生。

(二) 教育的內容

1. 經過對歷代文化的選擇，將優良有助於進步的文化加以組織與安排，而形成所謂的「文化財」。
2. 文化主義所提供的文化財是經過對文化遺產精選而成的，這些文化財是人類客觀精神的精華。
3. 文化財包含宗教、政治、經濟、社會、理論、審美等古今的內涵，均為教育的內容。

(三) 教育的方法

1. 適性教學
   (1)斯普朗格將理想價值類型分成六類：宗教型追求「聖」、政治型追求「權」、經濟型追求「利」、社會型追求「愛」、理論型追求「真」、審美型追求「美」。
   (2)教育應該因應不同的人格類型，透過個別差異的適性化教學，導引學習者正確地追求自己的目標。
2. 教育愛
   (1)「教育愛」是指教師與學生之間的「愛」，教育愛不做任何條件的設定。
   (2)教師應該屬於「社會型」的人格類型，不斷追求

「愛」，所以教育愛成為教師的人格動力，是文化傳遞
與文化創造的基礎。

(3)教師愛教學，學生愛學習，透過教與學的互動與融合，
促使知識能夠不斷傳遞與創新。

(4)教師愛學生，學生愛教師，經由師生之間情感的溝通與
影響，促使道德行為的獲得與實踐。

(四) 斯普朗格教育思想對教育改革的啟示

1. 減輕教師授課堂數壓力：如此才能有更多時間關切學生，
瞭解學生需求和感受。所以落實小班教學、實踐適性教育
都是必要的政策。

2. 肯定教師專業自主能力：教師欲能展現其教學專業自主能
力，必須能對其工作懷抱較高滿足感，如此才能展現出較
高工作效能，課堂間師生關係也較和樂融洽。

3. 師資培養宜著重教育愛人格的陶塑。

4. 教師甄試措施宜做適度修正：教師甄試不應偏重筆試的測
試，而忽略教師人格的檢視。宜將教師人格列為重要的選
取項目。

　　綜合上述，斯普朗格認為教育一方面應該注重客觀精神的陶
冶，另一方面也要強調學習主體個性的發展。傳承文化與創新文
化，就在具有教育愛的師生人格互動過程中實踐出來，教育在於
引導主觀個體客觀化，促進文化傳承，促使生命價值的再創。

六、文化教育論 [146]

文化教育學發生於德國，代表人物為斯普朗格。他是柏林大學教授，利用其師迪爾泰的精神科學方法，發展其獨特的教育學說，其主張大要為：

㈠教育的文化功能：他認為教育是文化傳遞與創造的歷程，其功能即在繁衍與創造文化。

㈡教育的方式：教育是基於對他人的精神施予之愛，使他人的全體價值受容性及價值形成能力從內部發展出來。所謂「精神的施予之愛」，即是教師應尊重兒童之美與天真，以愛的施予做為教育的方式。他認為唯有透過教師的愛，兒童的「主觀精神」（即個人內在的心理組織及結構）才能與「客觀精神」（即科學、藝術、經濟、政治等文化）融合為一。

㈢教材：教材須是具有文化傳遞價值的文化財，且必須經教育程序加以合理編排，使其合於陶冶或學習的歷程。

㈣生活類型說：他舉出精神生活有六種類型，即

　　1. 經濟型——追求「利」。

　　2. 審美型——追求「美」。

---

146 同註145。
　　麥馨月（2003）。斯普朗格的教育愛及其啟示。教育研究（高師），第十一期。頁79-89。
　　王振宇（1999）。斯普朗格的文化教育思想及其對教育之啟示。教育研究（高師），第七期。頁383-396。
　　同註3，頁53-54。

3. 社會型──追求「愛」。

4. 政治型──追求「權」。

5. 宗教型──追求「聖」。

6. 理論型──追求「真」。

這六個理想價值類型事實上是一體而無法分離的，僅各有偏重而已，教師必須瞭解學生所偏重的類型，才能因材施教，適應個別差異。

七、結論 [147]

斯普朗格認為追求價值的精神為一切實在的根本，其所強調的就是透過客觀精神的陶冶，使得人類的主觀精神得以在客觀精神中培育出來，然而，就教育研究而言，許多學者把教育的主軸放在教育的外在條件上，也就是注重科技的發展和技術的更新，認為教育就是把這些便利的科學傳遞下去，把生活上較偏向於實用的知識教導給下一代，當然，斯普朗格認為教育為文化傳遞的一種過程，但是其對傳遞的內容是包含在文化的框架下，其文化的範圍較廣，包含文明和具有歷史傳承的價值在其中，因此，對歷史脈絡中的文化累積，斯普朗格將其視為是一種客觀精神，對現代文明的科技發展教育是抱持著沉痛的心情。

其次，斯普朗格也認為，對教育的傳遞研究不可以忽略歷史學、心理學、社會學等的研究，因為其所強調的精神價值，就是

---

147 王文俊（1974）。陶冶理想與教育動力—介紹斯普朗格晚年思想。國立臺灣師範大學教育研究所集刊，第十六輯，頁 51-66。

建構在這些學科的範疇之中，其中文化是建構在歷史的脈絡之中，而各個國家都會有其發展出來的民族性，而民族性對國家在教育政策上也會有所不同，而且在不同學科領域所集結出來的文化價值，更是斯普朗格所強調的。對於現今許多教育學者而言，斯普朗格所重視的價值精神，是有其地位和被參考的價值。

參考書目

1. Saupe。大年譯（1930）。斯普朗格（Eduard Spranger）的教育思想。女師大學術季刊，第一期，179-190。

2. 戈登李（Gorden C. Lee）著，孫邦正譯（1958）。美國教育。台北：中華文化。

3. 王文侃、楊漢青（1996）。比較教育學。台北：五南。

4. 王文俊（1974）。陶冶理想與教育動力——介紹斯普朗格晚年思想。國立臺灣師範大學教育研究所集刊，第十六輯，51-66。

5. 王文科（1973）。各國教育制度。台北：文景。

6. 王家通（2003）。各國教育制度。台北：師大書苑。

7. 王振宇（1999）。斯普朗格的文化教育思想及其對教育之啟示。教育研究（高師），第七期。

8. 田培林（1976）。教育與文化。台北：五南。

9. 克伯屈（Kilpatrick, William Heard）著，楊詢雲譯（1992）。教學方法原理：教育漫談。台北：亞太。

10. 克伯屈（Kilpatrick, William Heard）著，雷國鼎譯（1966）。

教育學原理。台北：中華文化。

11. 吳俊升（1960）。杜威教育思想的再評價。新亞書院學術年刊，第二期。

12. 吳俊升（1960）。杜威教育思想的再評價。新亞書院學術年刊，第二期。

13. 吳鼎（1976）。各國小學課程比較研究。台北：黎明文化。

14. 呂俊甫（1967）。美國教育。台北：臺灣商務。

15. 李奉儒（2001）。英國教育：政策與制度。嘉義：濤石文化。

16. 李恩國（1986）。歐洲各國教育制度。台北：幼獅。

17. 李邁先（1982）。俄國史。台北：正中。

18. 杜威（Dewey, John）著，薛絢譯（2006）。民主與教育。台北：網路與書。

19. 林玉体（1999）。西洋教育史。台北：師大書苑。

20. 林清江（1987）。比較教育。台北：五南。

21. 林貴美（1991）。法國教育制度。台北：國立編譯館。

22. 林聰敏（1989）。德國中、小學教育之背景與特色。比較通訊，第二十一期。

23. 胡基峻（1998）。羅素及其哲學。台北：桂冠。

24. 徐宗林、周愚文（1996）。教育史。台北：五南。

25. 高宣揚（1991）。羅素哲學概論。台北，遠流。

26. 高廣孚（1976）。杜威教育思想，台北：水牛。

27. 張淳惠（2001）。斯普朗格的文化教育思想。教育研究（高師），第九期。

28. 張欽盛（1986）。歐洲教育發達史。台北：金鼎。

29. 梅爾（Adolph E. Meyer）著，李正富、孫彥民、黃中譯（1968）。二十世紀的教育發展。台北：國立編譯館。

30. 梅爾（Adolph E. Meyer）著，李復新、馬小梅譯（2000）。當代教育發展史。

31. 陳幼慧（2007）。斯普朗格（Eduard Spranger）「文化教育學」（Kulturpadagogik）：精神發展與實施「通才教育」、「專門教育」的先後順序。通識在線。

32. 麥馨月（2003）。斯普朗格的教育愛及其啟示。教育研究（高師），第十一期。

33. 喬治·蓋格（George R. Geiger）著，李日章譯（2005）。杜威：科學的人文主義哲學家，台北：康德。

34. 黃中（1988）。中等教育。台北：五南。

35. 黃昆輝（1968）。克伯屈教育思想之研究。國立臺灣師範大學教育研究所集刊第十輯。

36. 黃政傑（1996）。各國教育改革動向。台北：師大書苑。

37. 楊人梗（1929）。文化哲學的教育思潮。教育雜誌，第二十一卷第二期。

38. 詹棟樑（1981）。斯普朗格文化教育思想及其影響。台北：文景。

39. 詹棟樑（1993）。德國學制改革。台北：師大書苑。

40. 詹棟樑（1995）。現代教育思潮。台北：五南。

41. 趙祥麟（1995）。外國教育家評傳。台北：桂冠。

42. 劉福增（1988）。羅素論現代教育。台北：水牛。

43. 鄭重信（1963）。斯普朗格教育思想研究。台北：政大。

44. 謝文全（2000）。中等教育：理論與實際。台北：五南。

45. 謝斐敦（1999）。F. Schneider 比較教育思想研究。國立暨南國際大學比較教育研究所碩士論文。

46. 瞿立鶴（1985）。中等教育。台北：教育文物。

47. 鐘宜興（2004）。各國中等教育。高雄：復文。

參考網址

1. 優網新聞

   http://www.uniwant.com/show.aspx? id=3341&cid=312

2. 中華碩博網

   http://lw.china-b.com/jyzh/lwzx_620787_6.html

3. http://www.cyut.edu.tw/~rchang/Dewey.doc

4. http://www.knsh.com.tw/edupaper/paper30.asp

5. http://www.isst.edu.tw/s44/quarterly/69/4.pdf

6. http://w2.nioerar.edu.tw/basisl/693/a48.htm

7. http://s4.ntue.edu.tw/ntptc/edupic.htm

8. http://www.nhu.edu.tw/~society/e-j/54/54-14.htm

9. http://www.chinesege.org.tw/geonline/epaper/ll/Vll-4-1.htm

10. http://w.ndhu.edu.tw/~chihming/em/links/%A7J%A7B%A9}.htm

11. http://www.ckids.com.tw/p02_08.htm

12. http://zh.wikipedia.org/wiki/%E5%85%8B%E4%BC%AF%E5%B1%88

13. http://w2.nioerar.edu.tw/basis1/693/a49.htm

14. 維基百科：
http://zh.wikipedia.org/w/index.php? title=%E4%BC%AF%E7%89%B9%E5%85%B0%C2%B7%E7%BD%97%E7%B4%A0&variant=zh-hant

15. 西方教育名著題要（上）Google 圖書蒐尋，作者：單中惠、楊漢麟主編
http://books.google.com.tw/books? id=7JwUWkuTb24C&pg=RAI-PA366&lpg=RAI-PA366&dq=%E5%85%8B%E4%BC%AF%E5%B1%88&source=web&ots=GWjq2ExeSY&sig=0_2CNryo61tid0aTvhGky2VddZk&hl=zh-TW&sa=X&oi=book_result&resnum=4&ct=result#PRA1-PA385,M1

16. 羅素論教育 Bertrand Russell's On Education 導讀稿，國立中央大學於台北市立教育大學，導讀人：黃藿：
http://www.tmue.edu.tw/~primary/children-central/paper/4-4.pd

17. http://www.nioerar.edu.tw/basis1/693/a51.htm

國家圖書館出版品預行編目資料

西洋近世教育史／滕春興著．
--初版.-- 臺北市：心理, 2010.02
面； 公分.--（教育史哲系列；41608）
含參考書目

ISBN 978-986-191-331-5（平裝）

1. 教育史 2. 西洋史 3. 近代史

520.9407   98024432

教育史哲系列 41608

西洋近世教育史

作　　者：滕春興
責任編輯：唐坤慧
執行編輯：李　晶
總 編 輯：林敬堯
發 行 人：洪有義
出 版 者：心理出版社股份有限公司
社　　址：台北市和平東路一段 180 號 7 樓
總　　機：(02) 23671490
傳　　真：(02) 23671457
郵撥帳號：19293172　心理出版社股份有限公司
網　　址：http://www.psy.com.tw
電子信箱：psychoco@ms15.hinet.net
駐美代表：Lisa Wu（Tel: 973 546-5845）
排 版 者：龍虎電腦排版股份有限公司
印 刷 者：東縉彩色印刷有限公司
初版一刷：2010 年 2 月
I S B N：978-986-191-331-5
定　　價：新台幣 280 元